Übersicht - Hauptverkehrsstraßen

Mapa índice - Grandes viás de circulación

Overzichtskaart - Belangrijke verkeersaders

Sumário

Quadro de articulação - Grandes eixos rodoviários .... 2 - 3

Lisboa - 1/10 000 .... 2 - 75

Alfama, Bairro Alto, Baixa - 1/7 500 .... 76 - 78

Legenda .... 79 - 81

Abreviaturas utilizadas no roteiro 82

Índice .... 83 - 114

Índice das ruas numeradas na plana 115

Informações práticas .... 123 - 125

Sommaire

Tableau d'assemblage - Grands axes de circulation ... 2 - 3

Lisboa - 1/10 000 .... 2 - 75

Alfama, Bairro Alto, Baixa - 1/7 500 .... 76 - 78

Légende .... 79 - 81

Abréviations utilisées dans l'index 82

Index .... 83 - 114

Index des rues numérotées sur le plan 115

Renseignements pratiques .... 123 - 125

Contents

Key to map pages - Main traffic artery .... 2 - 3

Lisboa - 1/10 000 .... 2 - 75

Alfama, Bairro Alto, Baixa - 1/7 500 .... 76 - 78

Key .... 79 - 81

Abbreviations used in the index 82

Index .... 83 - 114

Index of streets numbered on plan 115

Useful information .... 123 - 125

Sumario

Mapa índice - Grandes viás de circulación .... 2 - 3

Lisboa - 1/10 000 .... 2 - 75

Alfama, Bairro Alto, Baixa - 1/7 500 .... 76 - 78

Signos convencionales .... 79 - 81

Abreviaturas 82

Índice .... 83 - 114

Índice de calles numeradas en el plano 115

Informaciones prácticas .... 123 - 125

Inhaltsübersicht

Übersicht - Hauptverkehrsstraßen .... 2 - 3

Lisboa - 1/10 000 .... 2 - 75

Alfama, Bairro Alto, Baixa - 1/7 500 .... 76 - 78

Zeichenerklärung .... 79 - 81

Abkürzungen, die im Straßenverzeichnis
verwendet werden 82

Straßenverzeichnis .... 83 - 114

Durch Nummern gekennzeichnete Straßen 115

Praktische Hinweise .... 123 - 125

Sommario

Quadro d'insieme - Grandi direttrici stradali .... 2 - 3

Lisboa - 1/10 000 .... 2 - 75

Alfama, Bairro Alto, Baixa - 1/7 500 .... 76 - 78

Legenda .... 79 - 81

Abbreviazioni utilizzate nell'indice 82

Indice .... 83 - 114

Indice delle strade numerate sulla pianta 115

Consigli pratici .... 123 - 125

Amadora 116   Loures 120   Oeiras 121

0   250   500   750 m

1/10 000

Quadro d'insieme - Grandi direttrici stradali

Tableau d'assemblage - Grands axes de circulation

Key to map pages - Main traffic artery

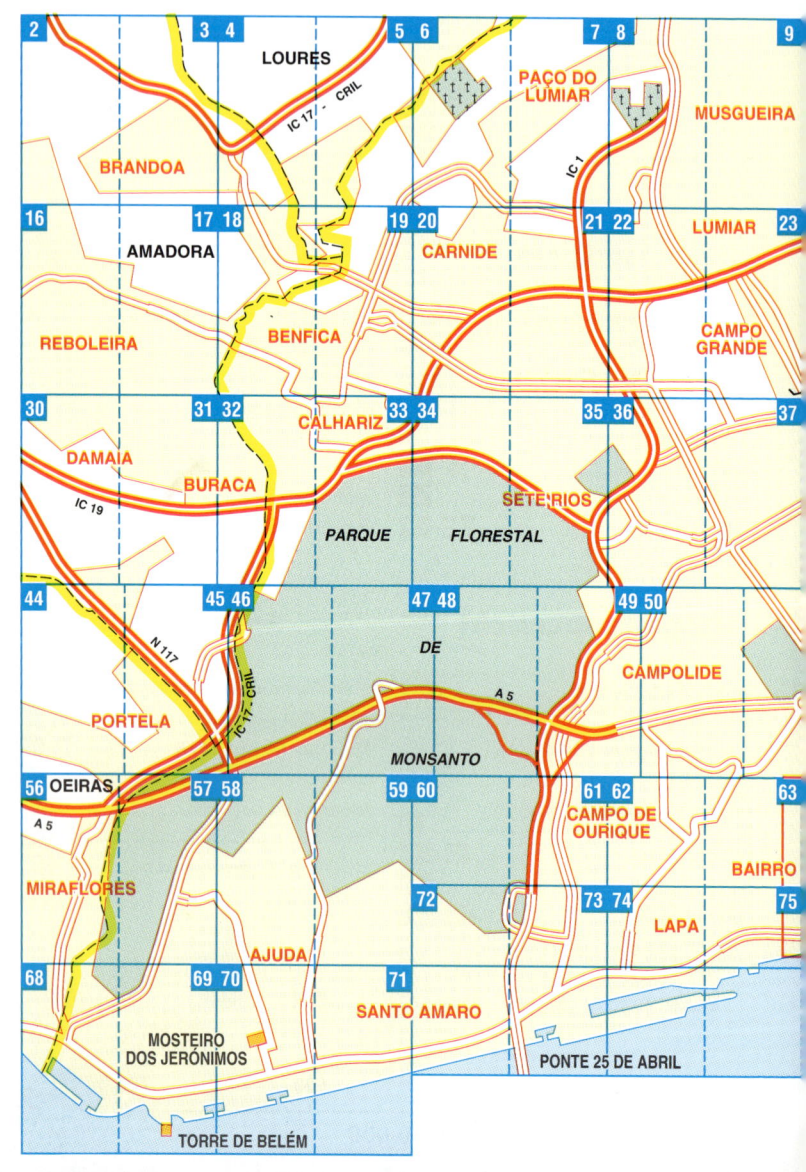

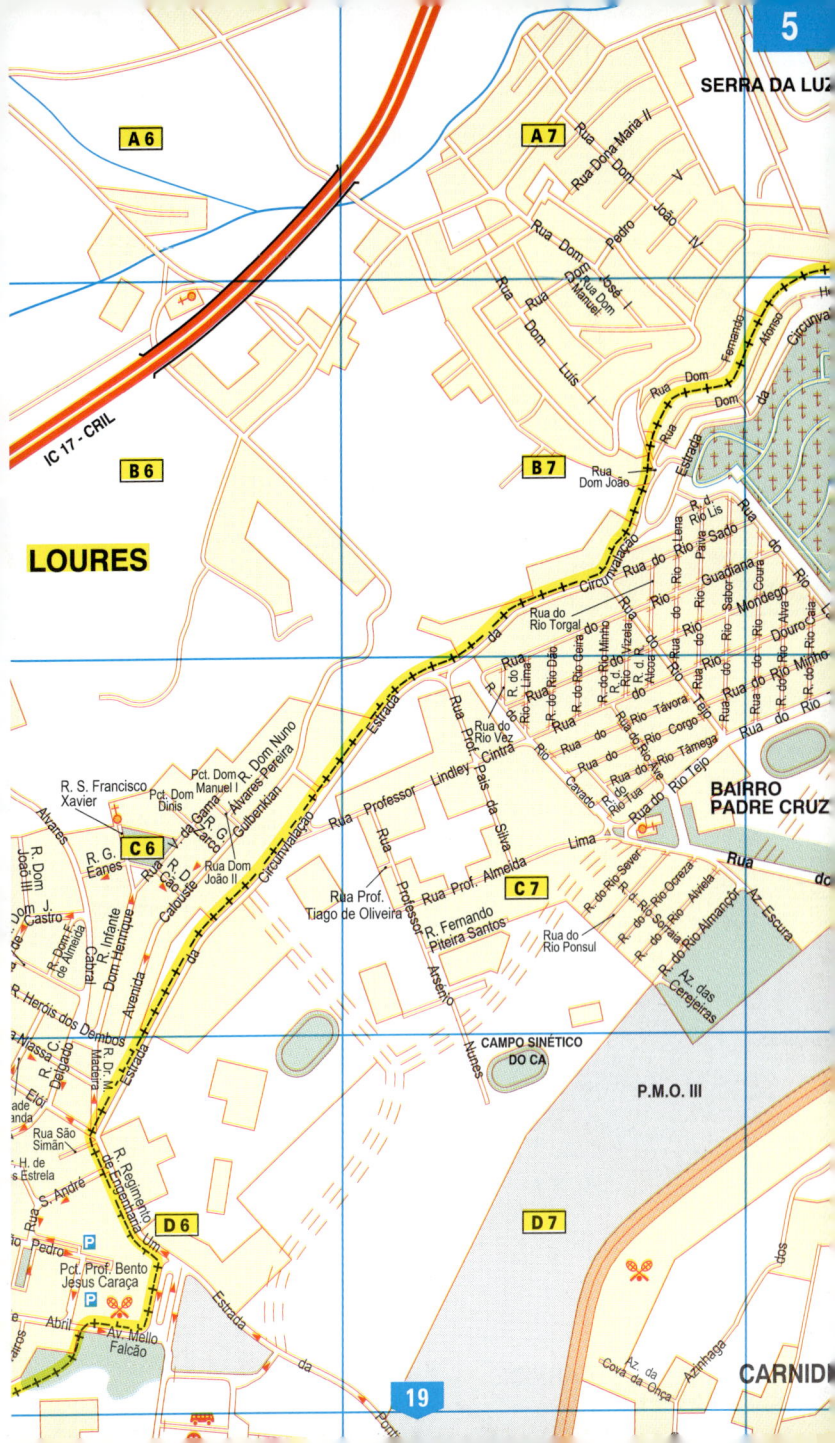

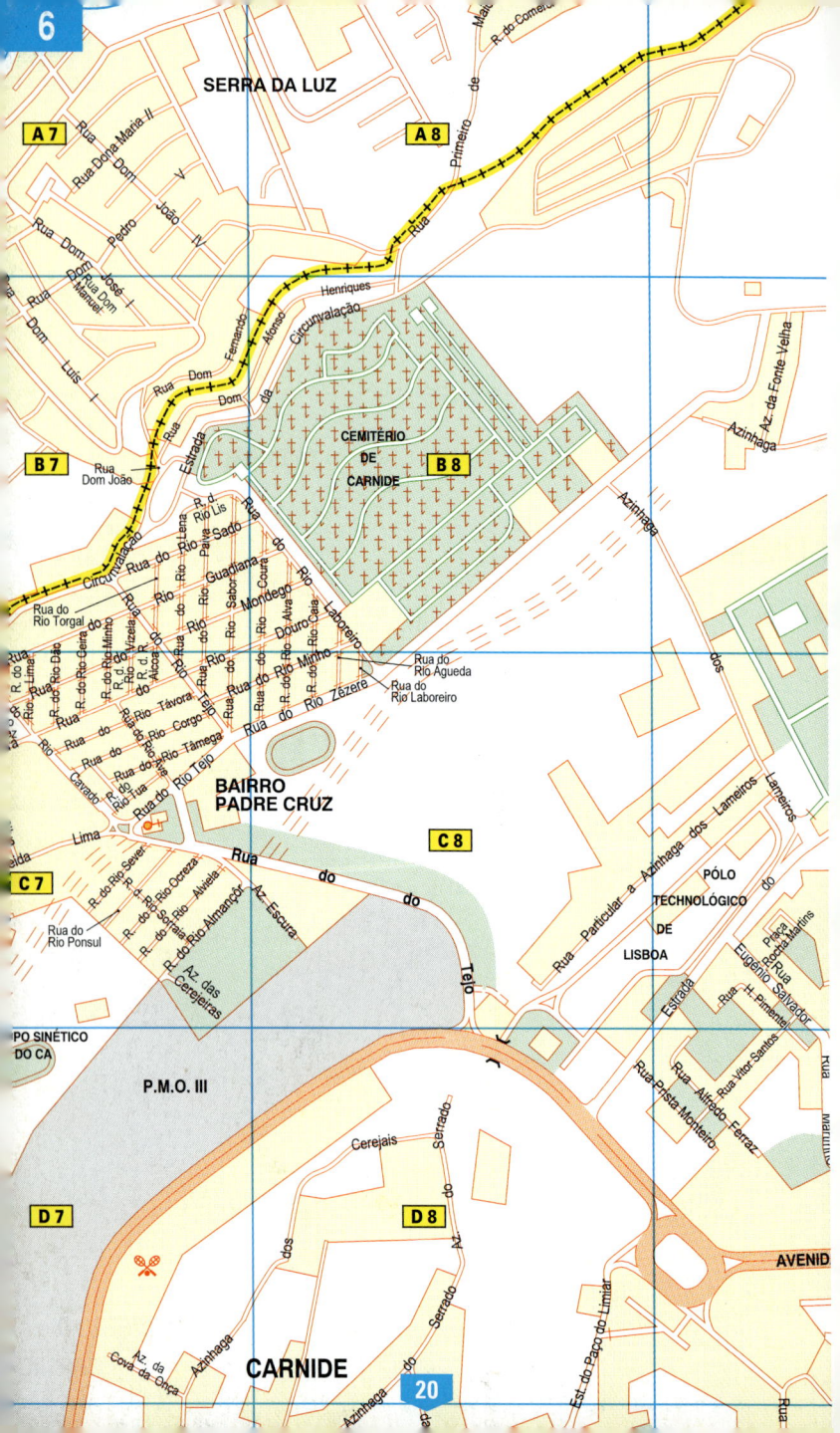

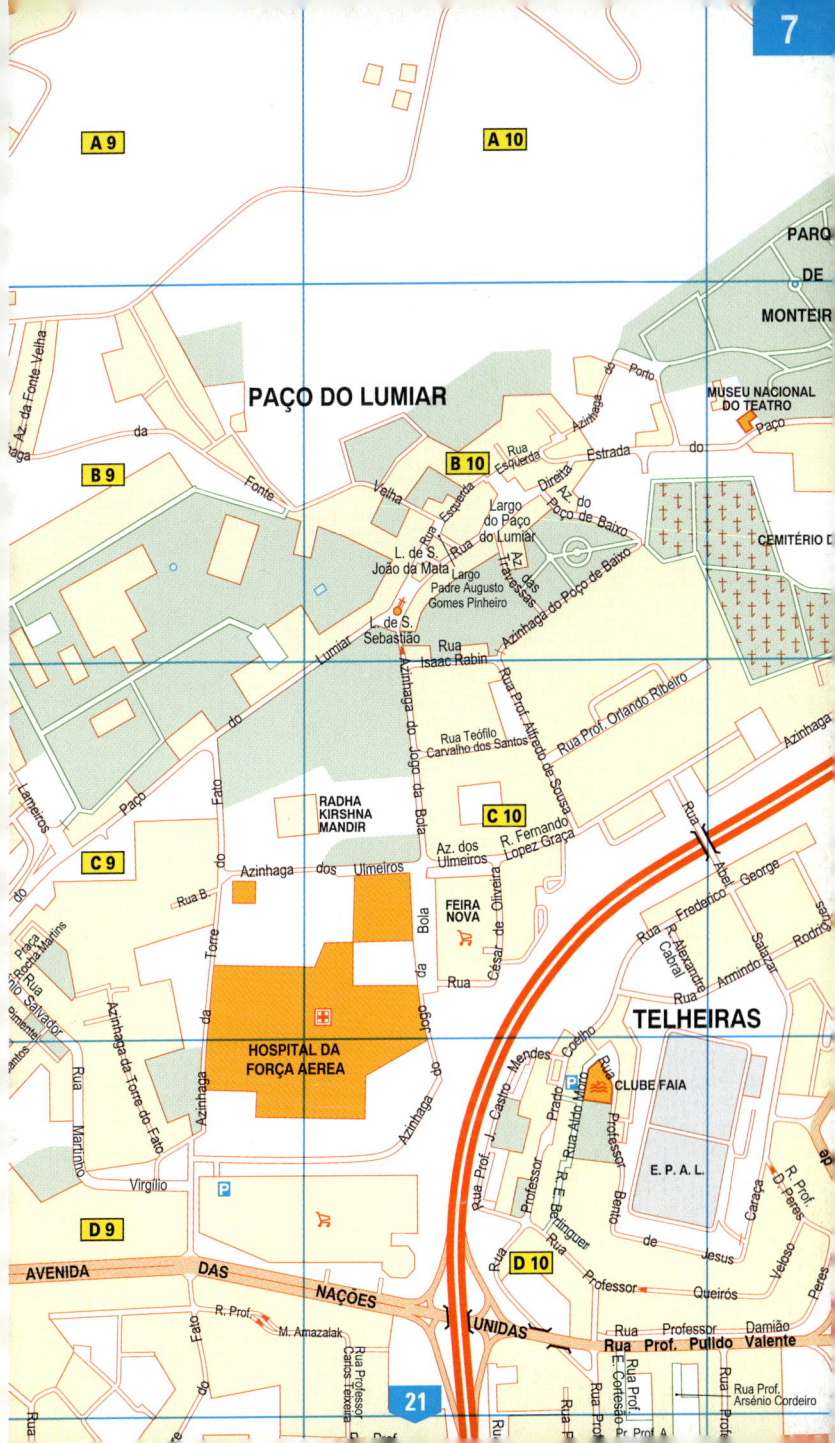

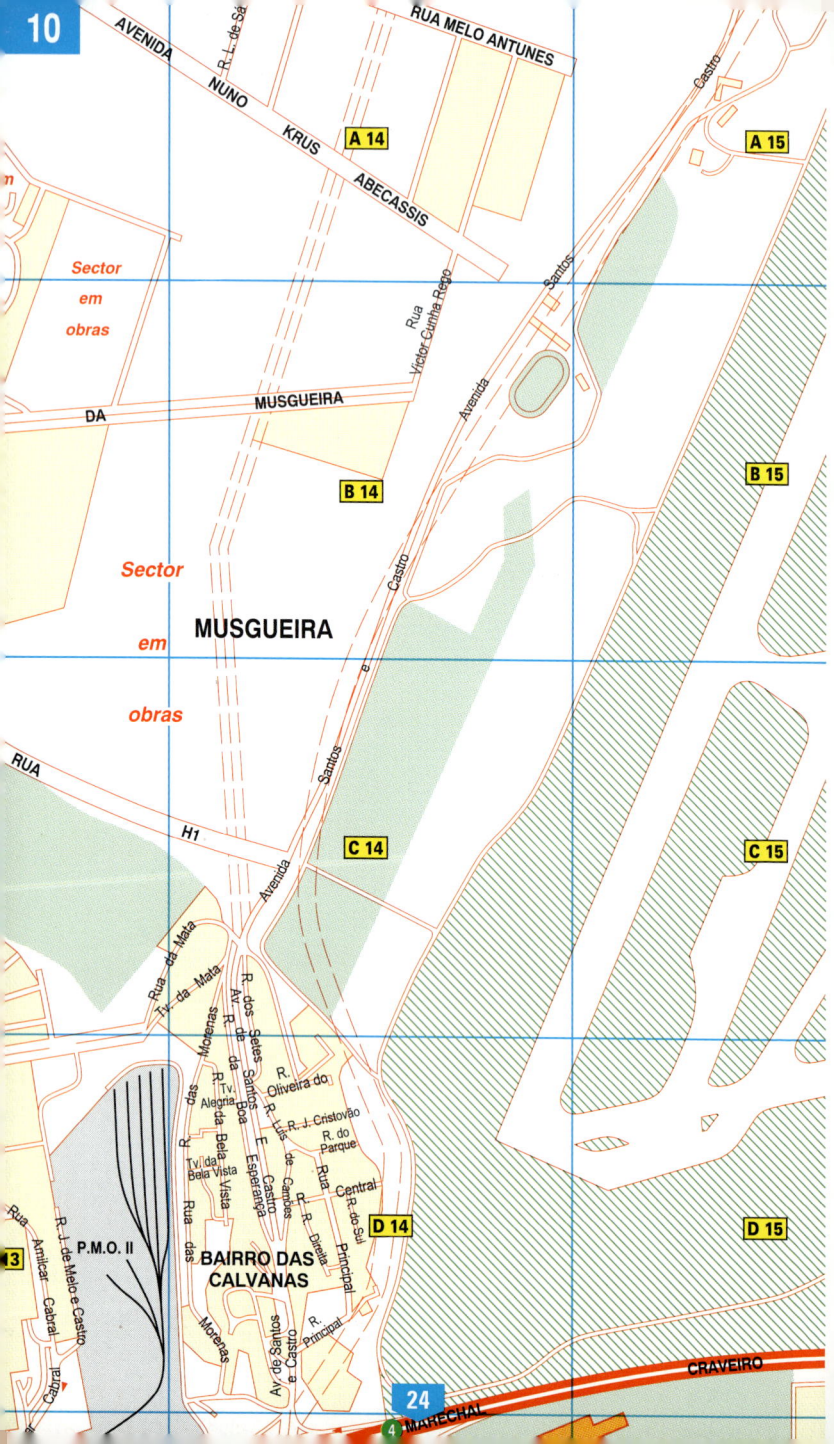

A 15

A 16

A 12

B 15

B 16

B 12

Rua

AEROPORTO

DE

LISBOA - PORTELA

C 15

C 16

P

P

D 15

D 16

Alam. das Comunidades Portuguesas

Avenida

Rotunda
do Relogio

3

3

LOPES

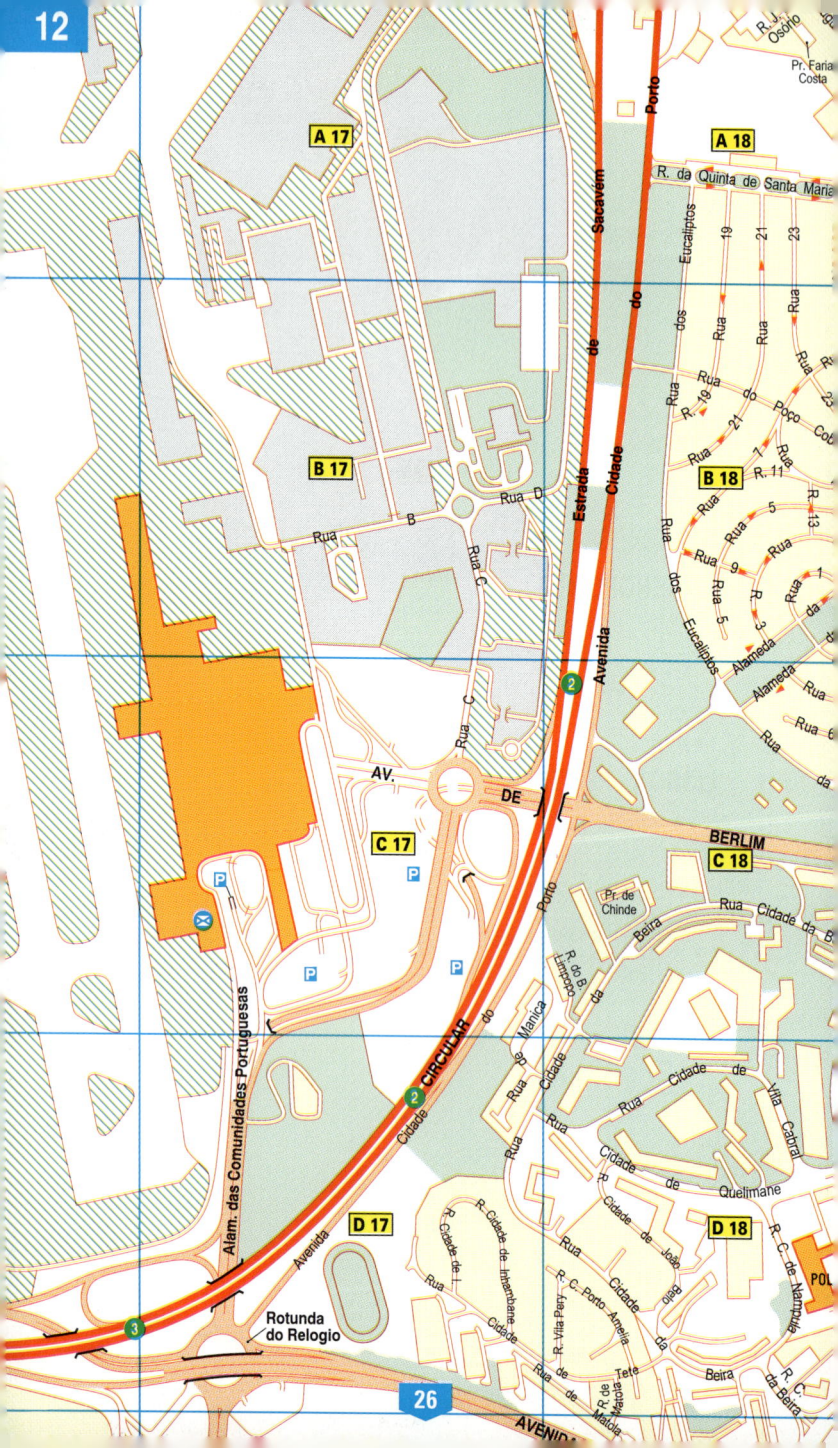

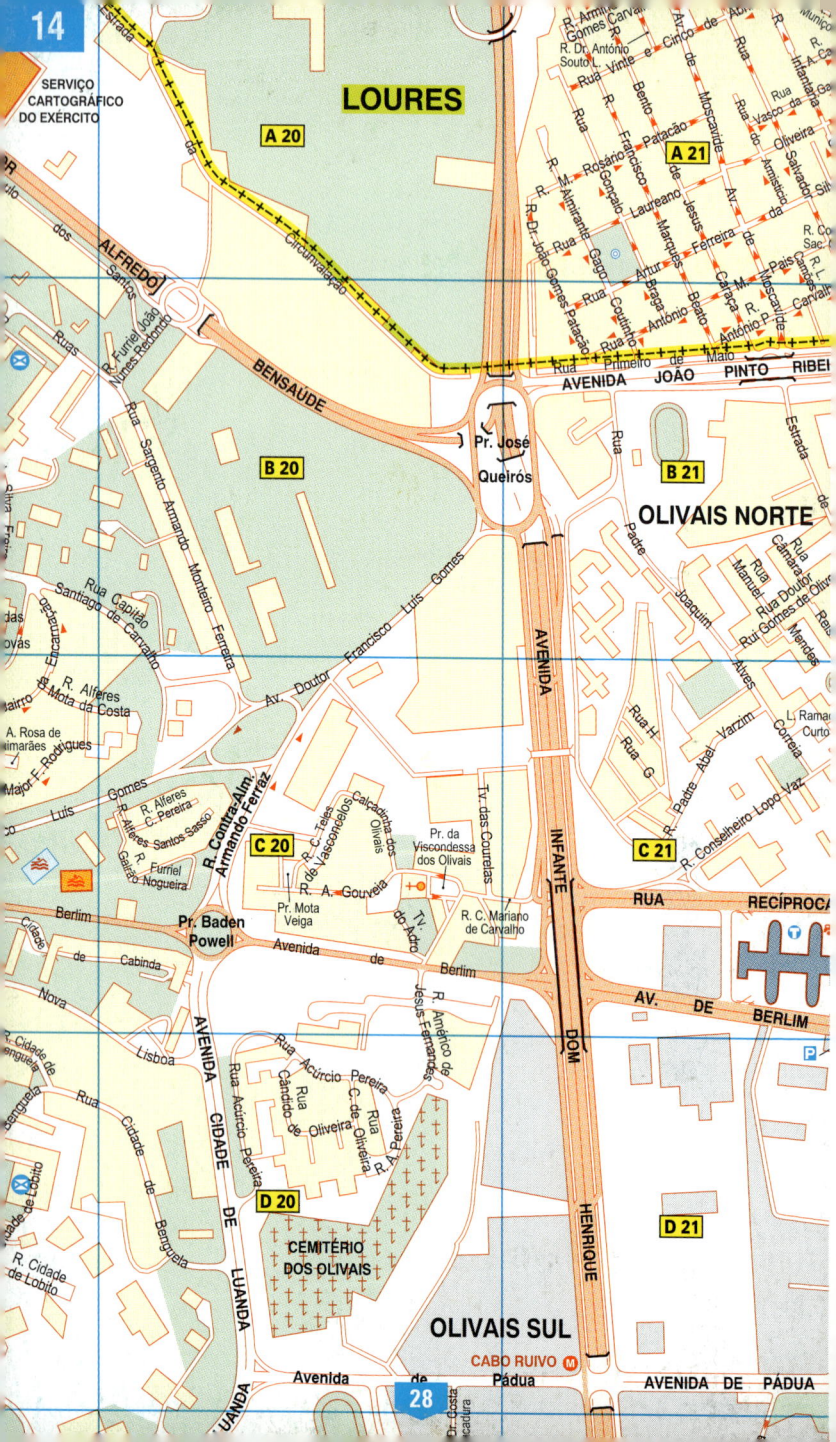

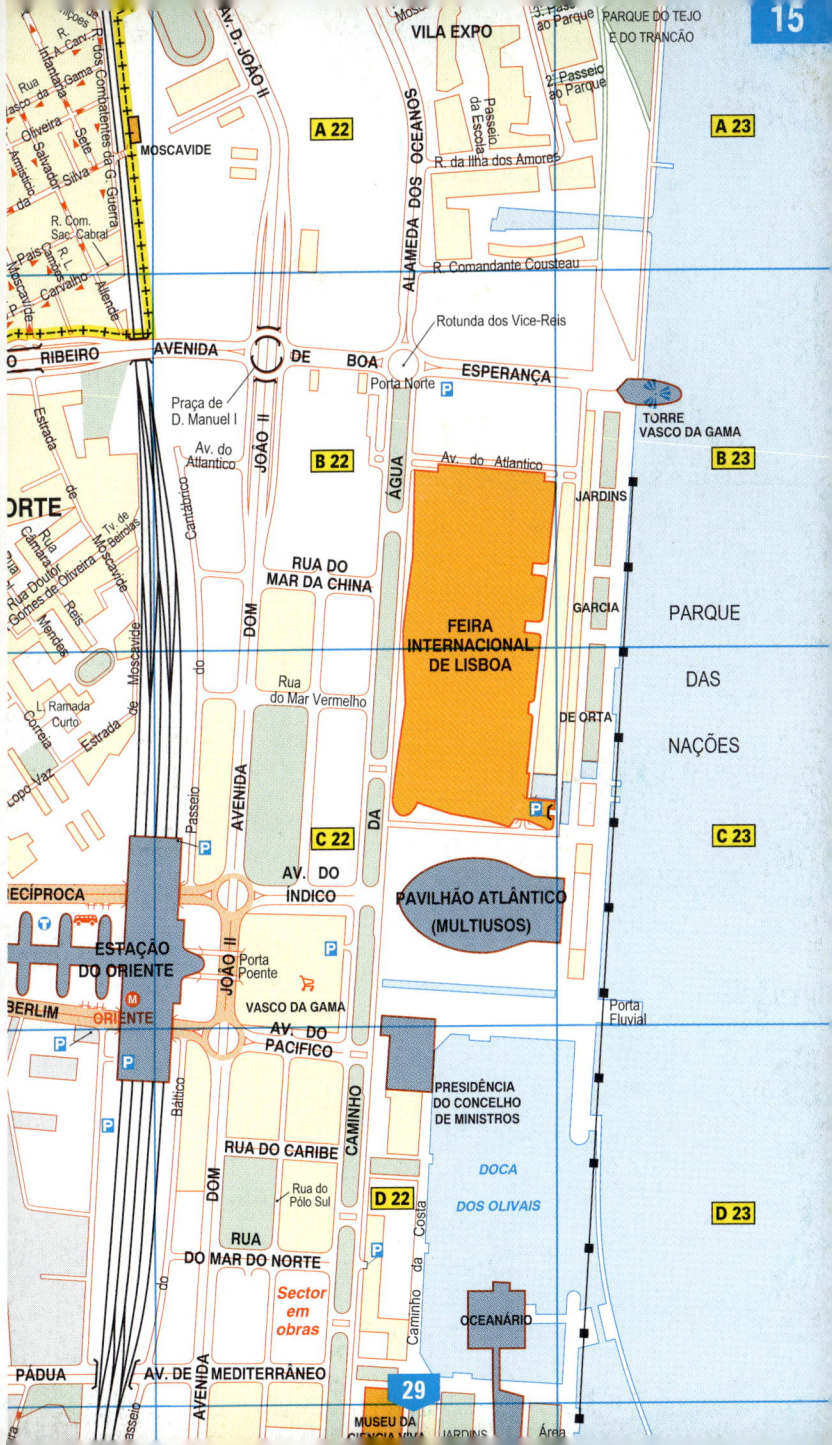

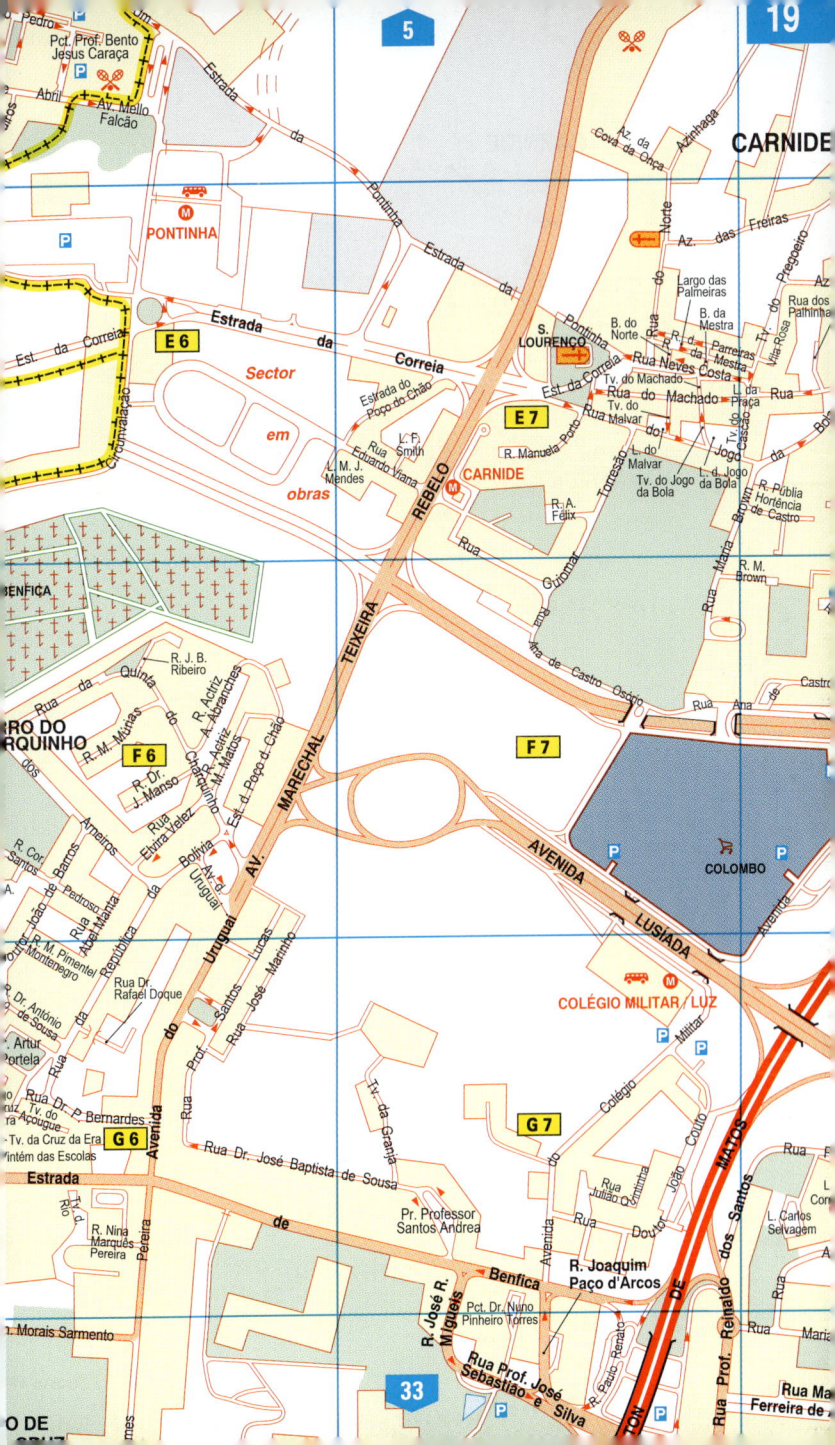

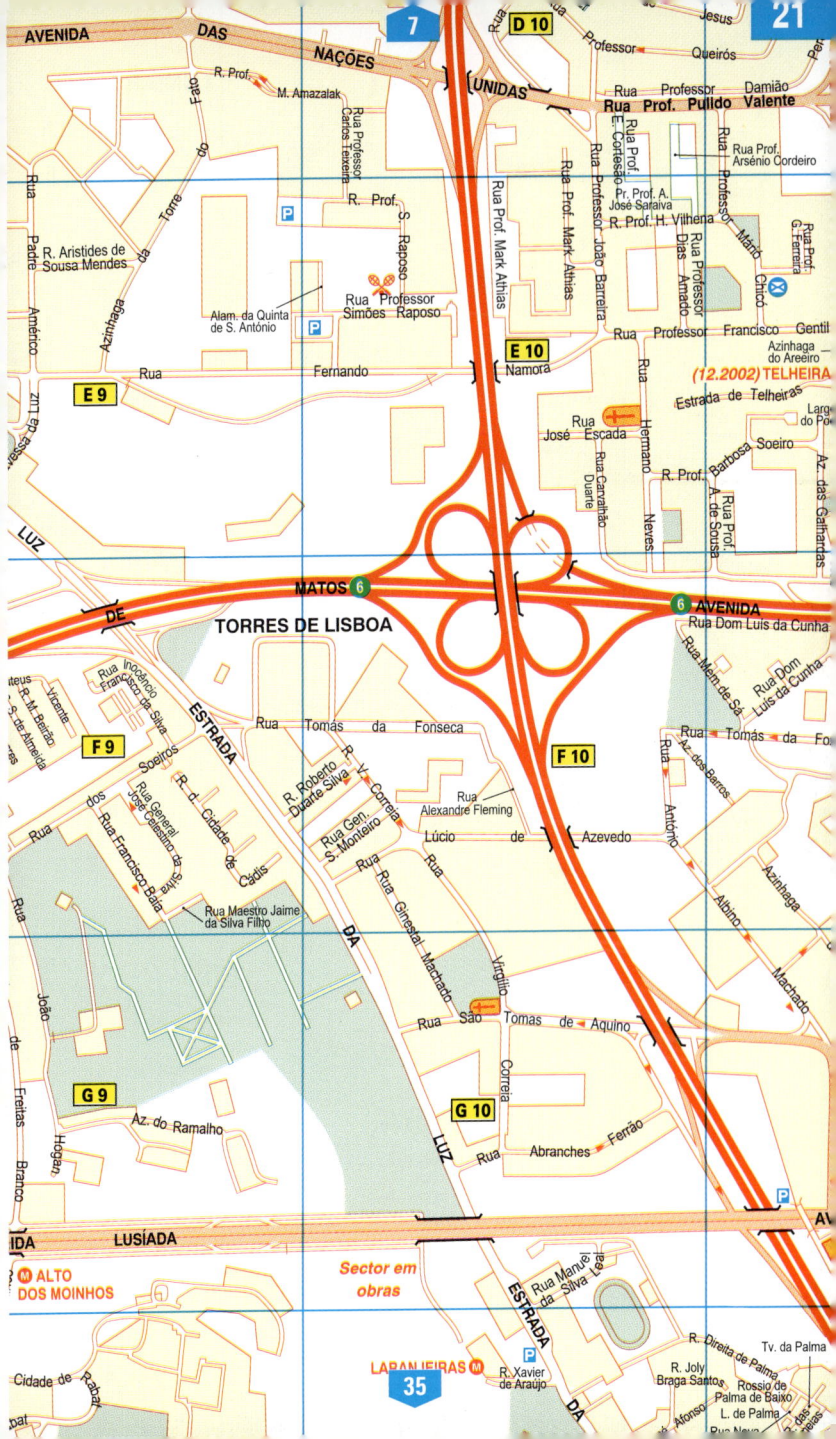

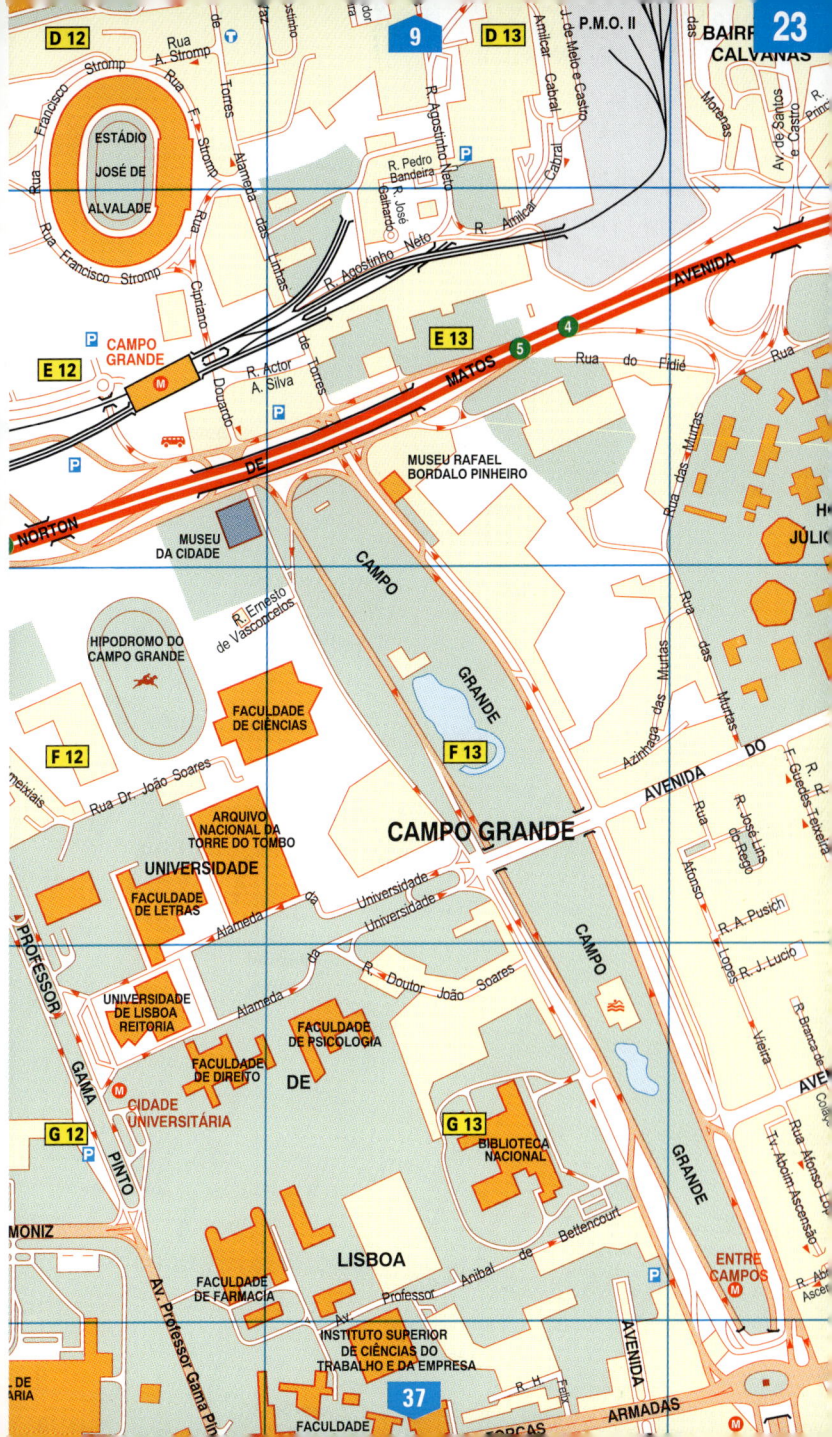

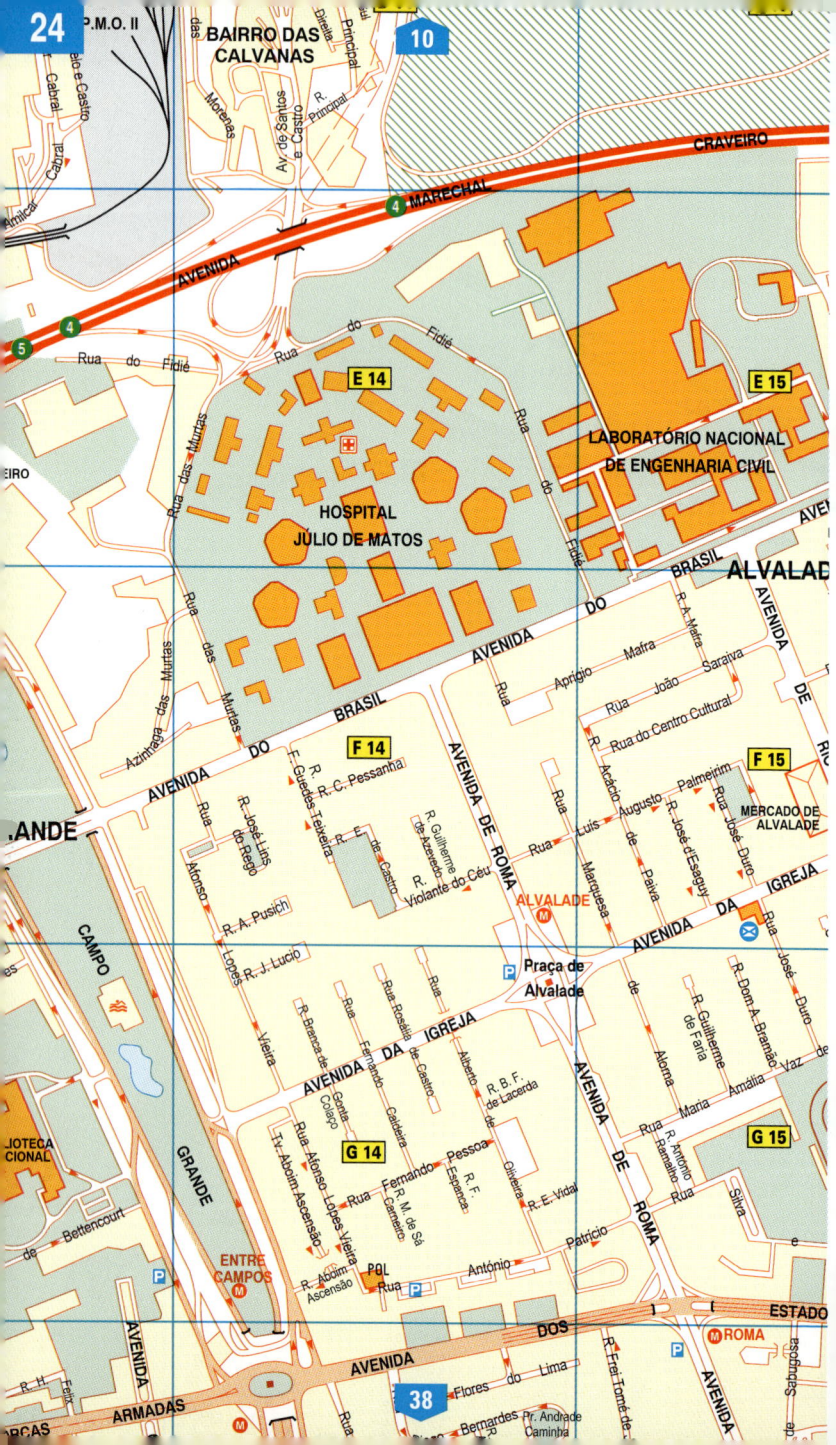

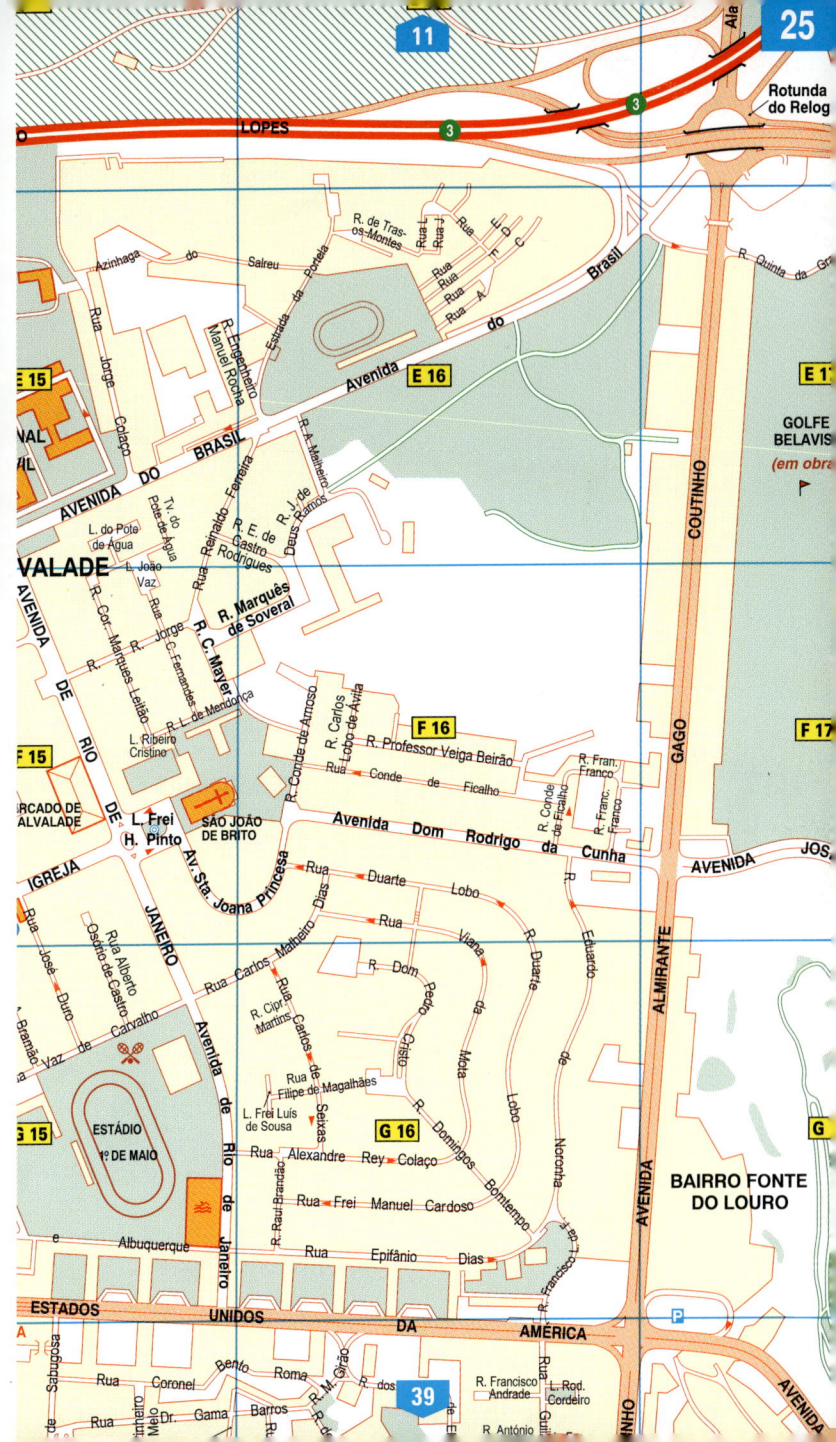

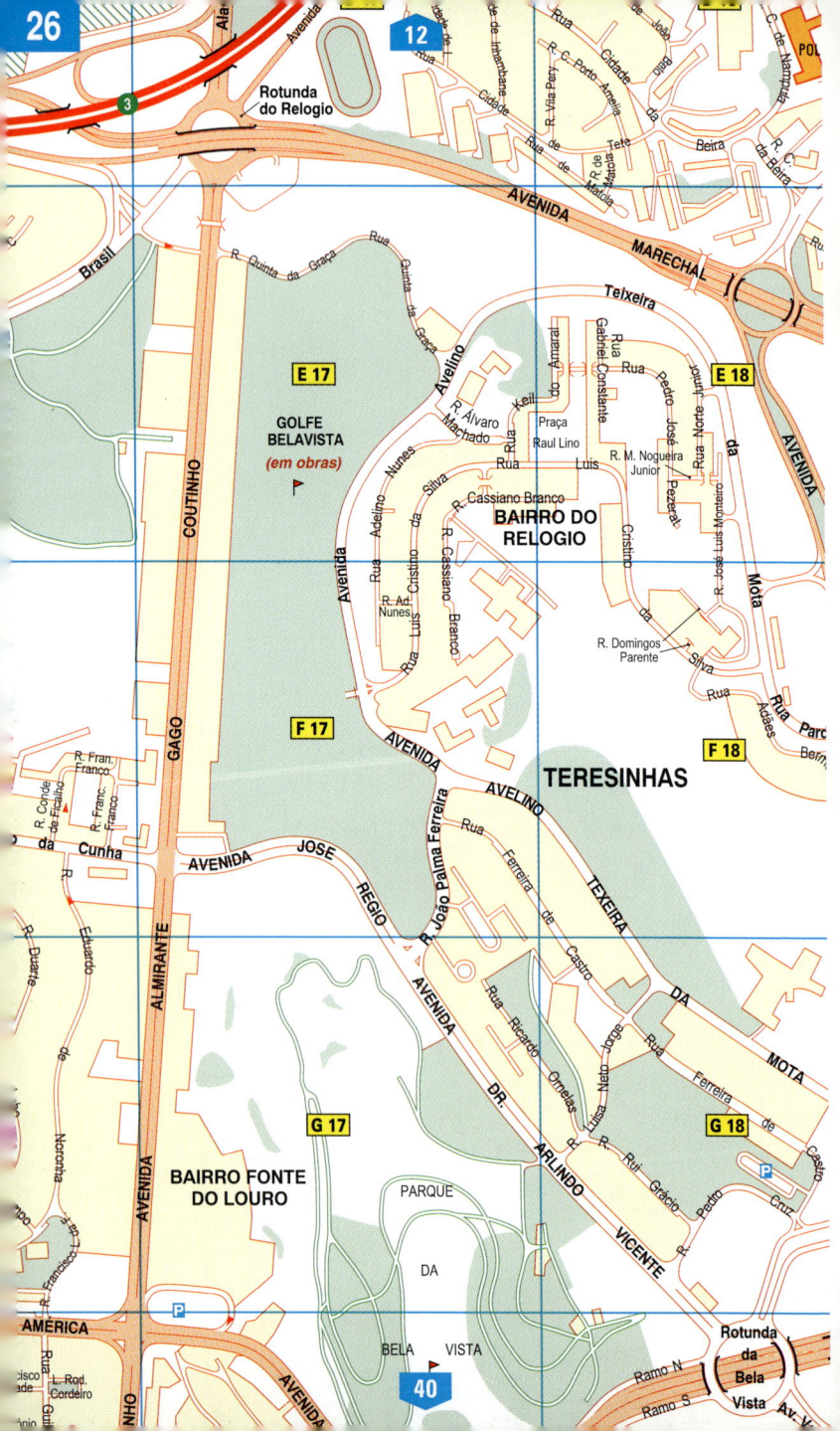

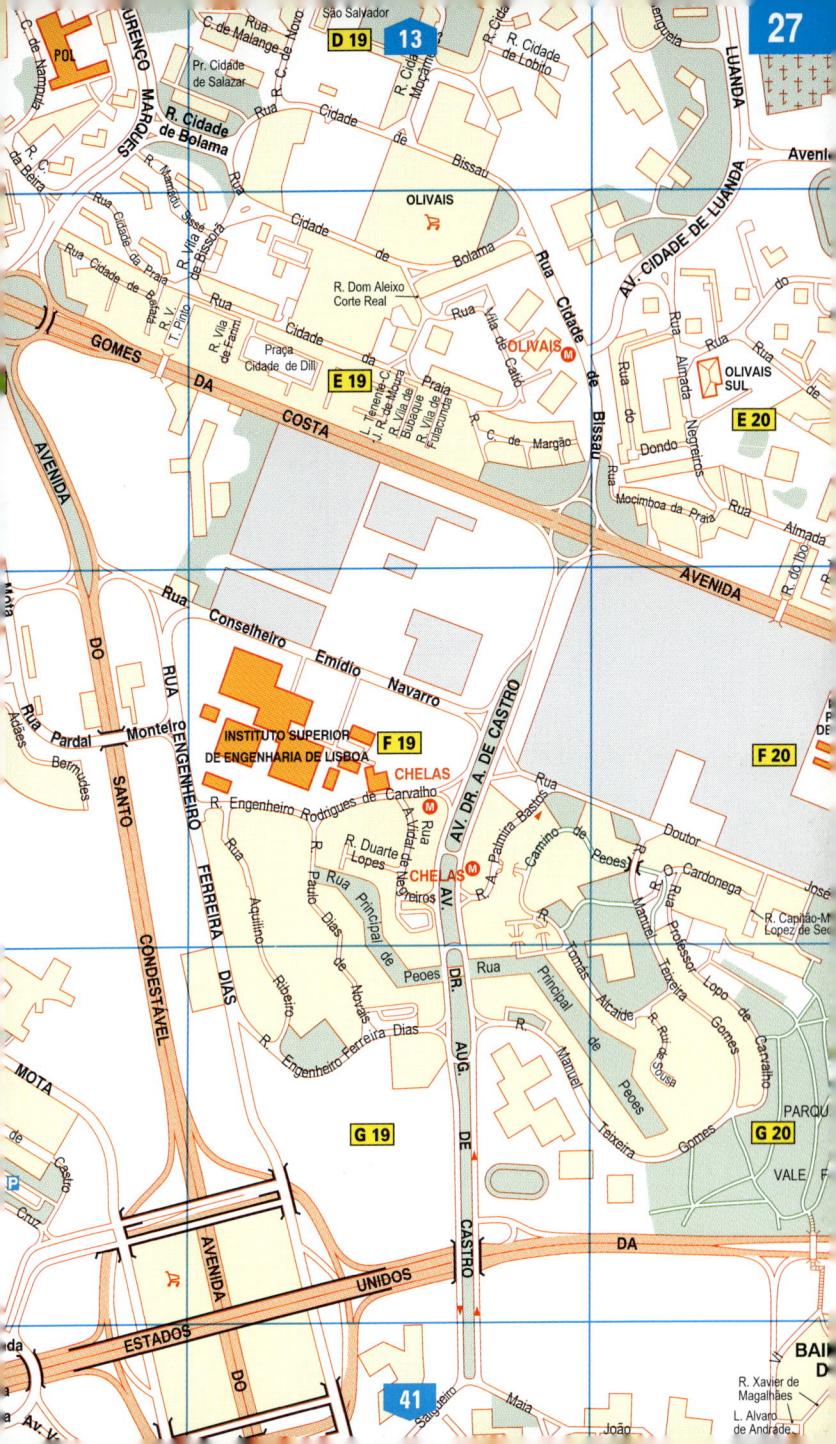

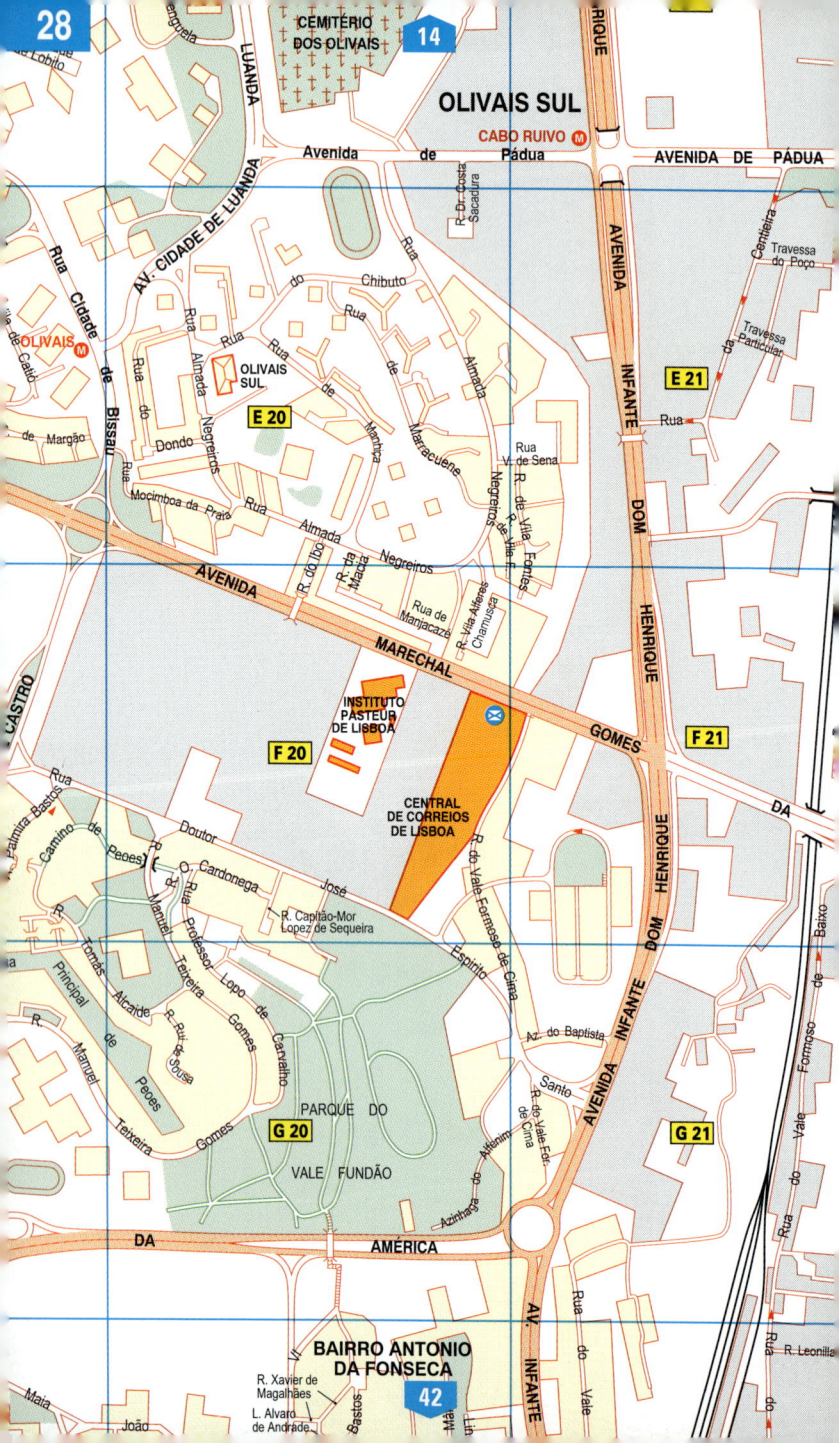

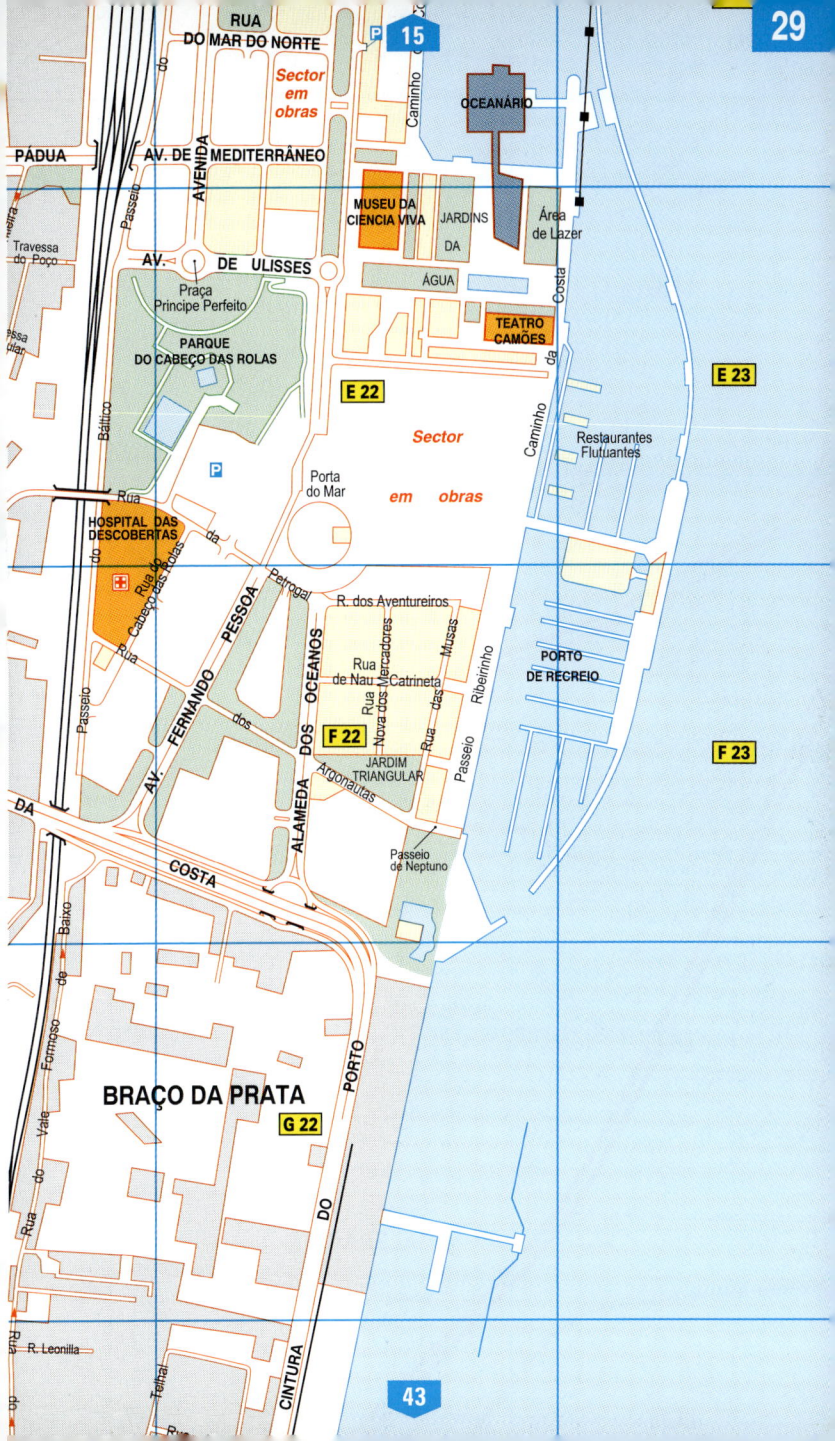

RUA
DO MAR DO NORTE

Sector
em
obras

OCEANÁRIO

PÁDUA

AV. DE MEDITERRÂNEO

Travessa
do Poço

MUSEU DA
CIENCIA VIVA

JARDINS

Área
de Lazer

AV.   DE   ULISSES

DA

Praça
Principe Perfeito

ÁGUA

PARQUE
DO CABEÇO DAS ROLAS

TEATRO
CAMÕES

E 22

E 23

Porta
do Mar

Sector

em   obras

Restaurantes
Flutuantes

HOSPITAL DAS
DESCOBERTAS

Rua

R. dos Aventureiros

PORTO
DE RECREIO

Rua de Nau Catrineta

Rua
de Nau Catrineta

F 22

F 23

JARDIM
TRIANGULAR

Passeio
de Neptuno

COSTA

DA

BRAÇO DA PRATA

G 22

PORTO

DO

R. Leonilla

CINTURA

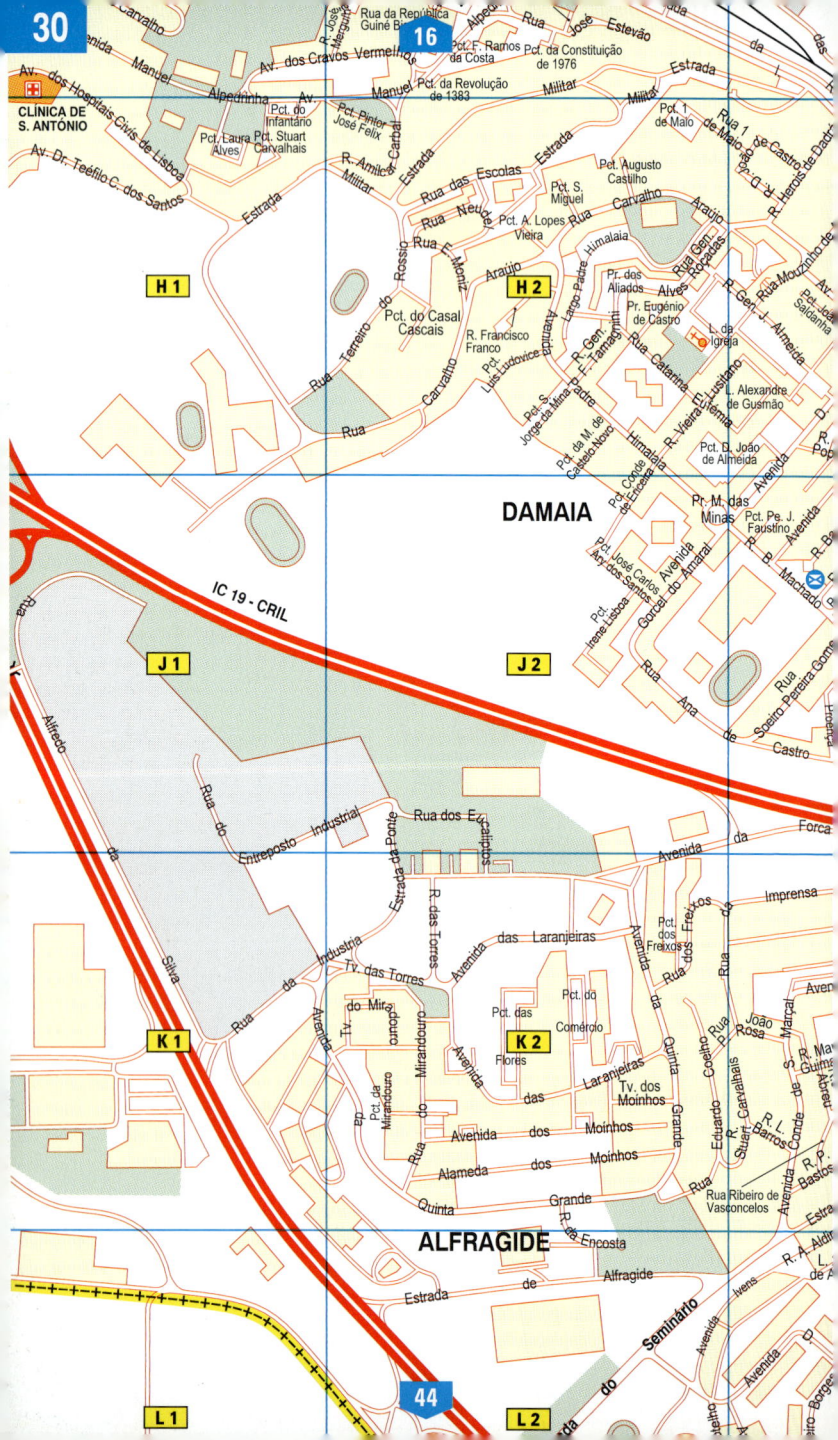

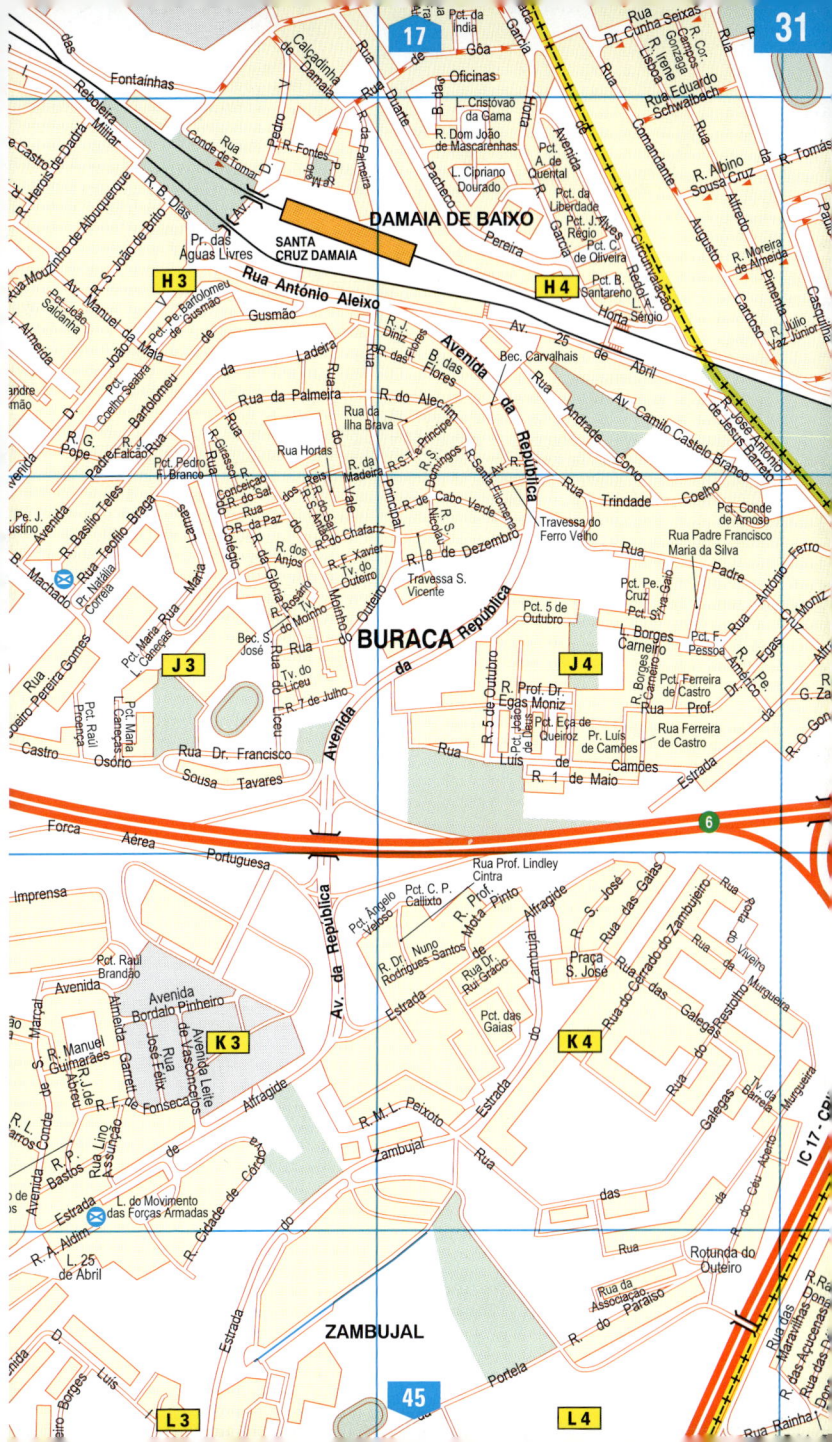

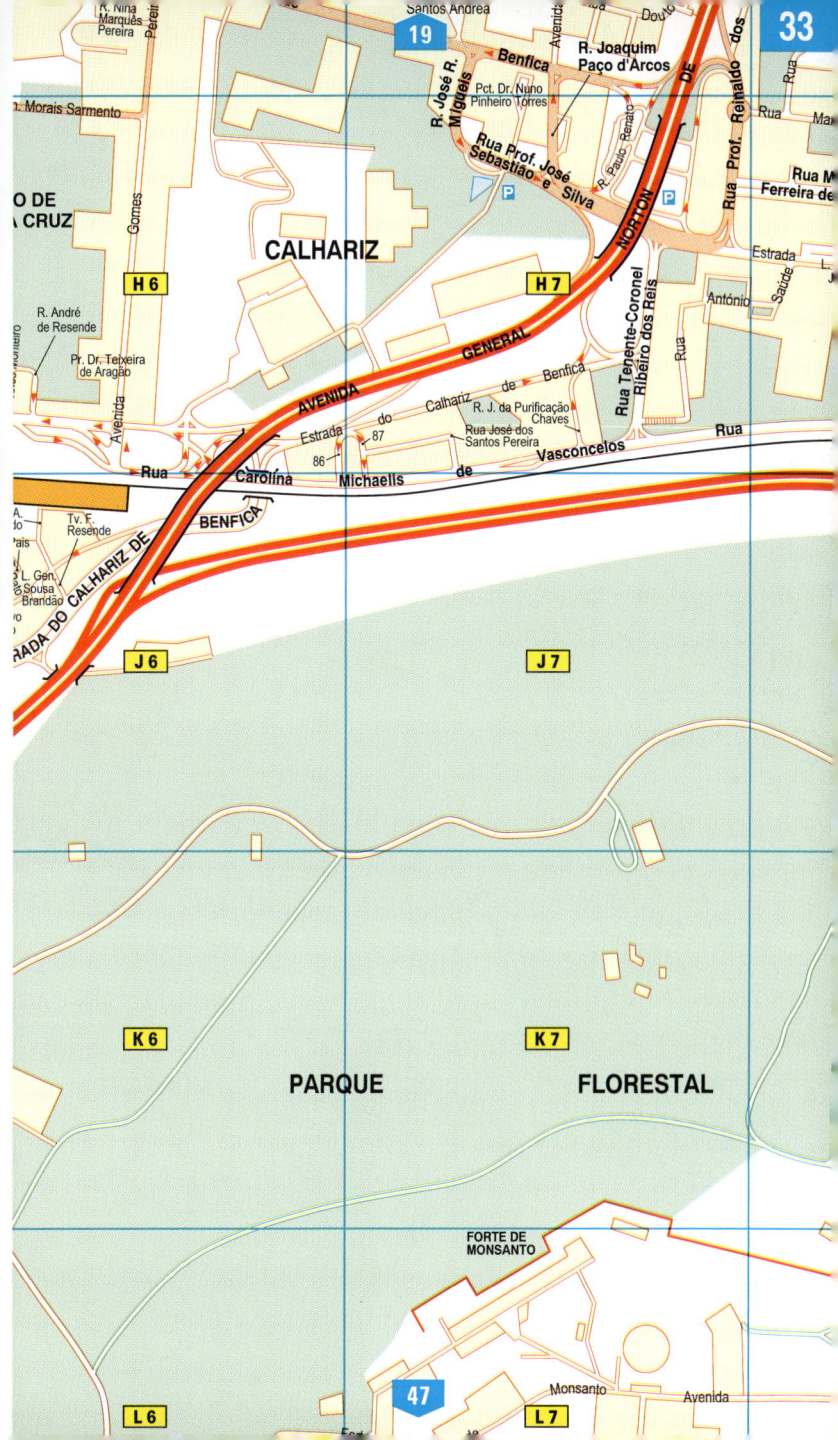

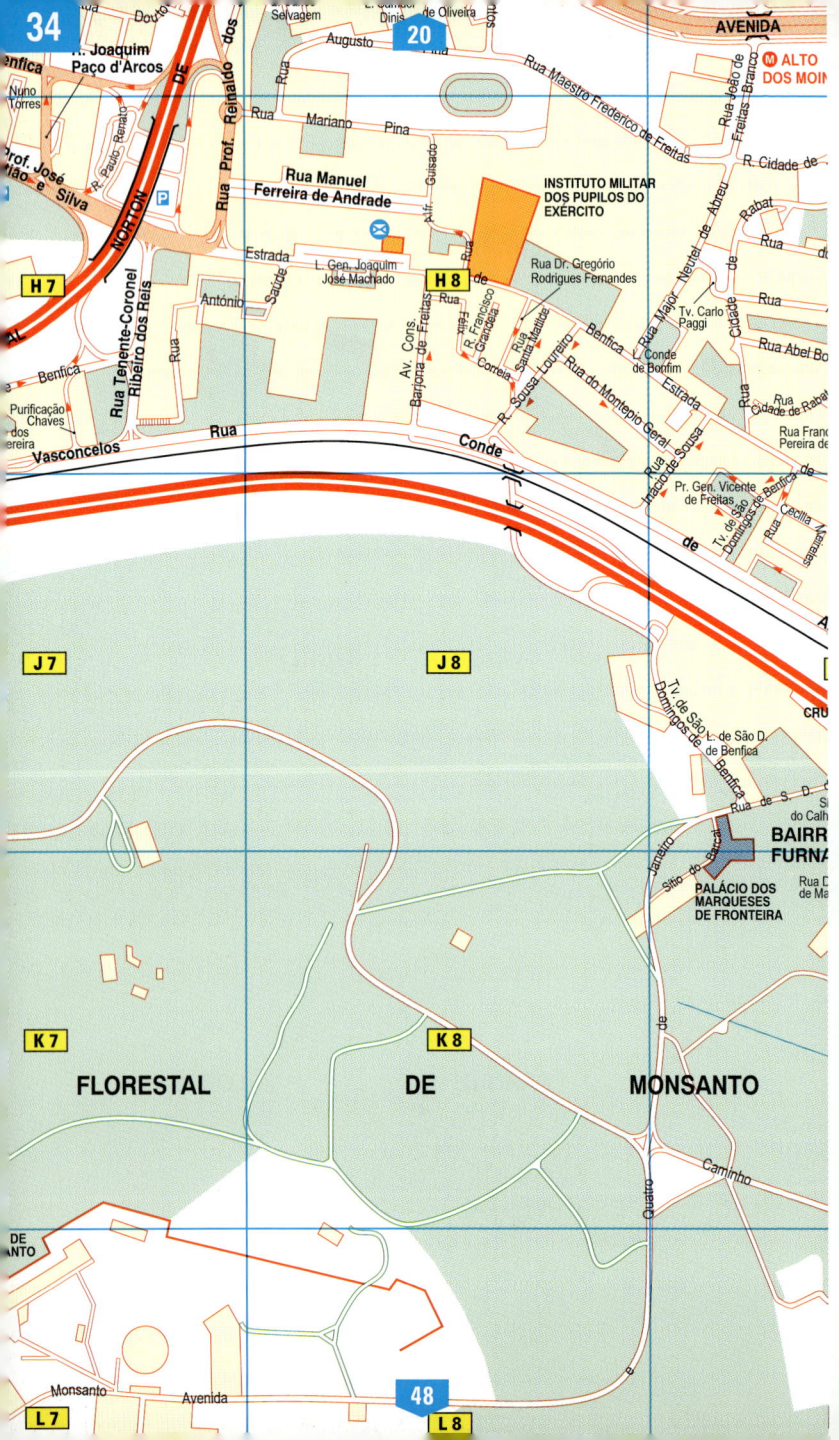

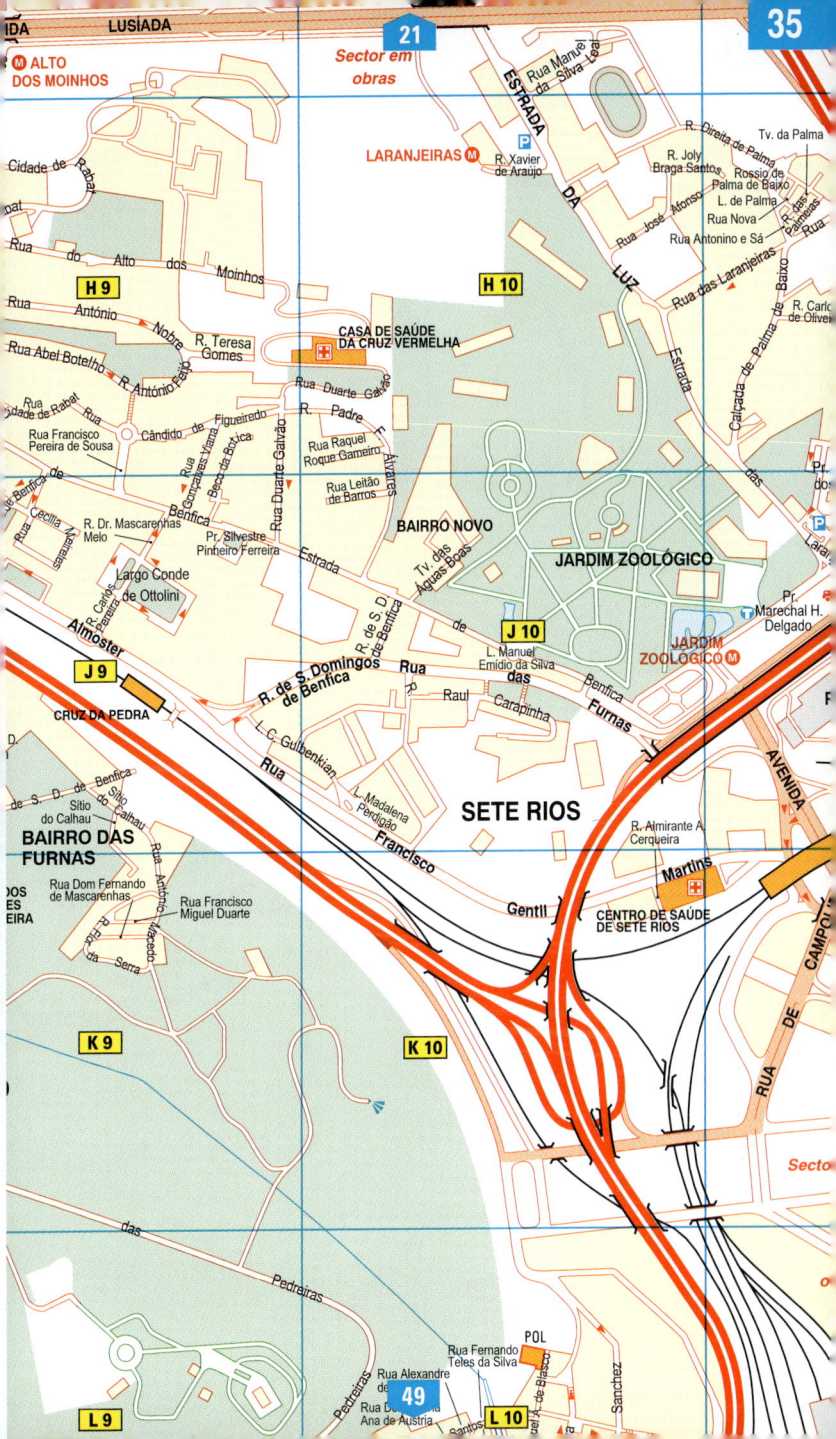

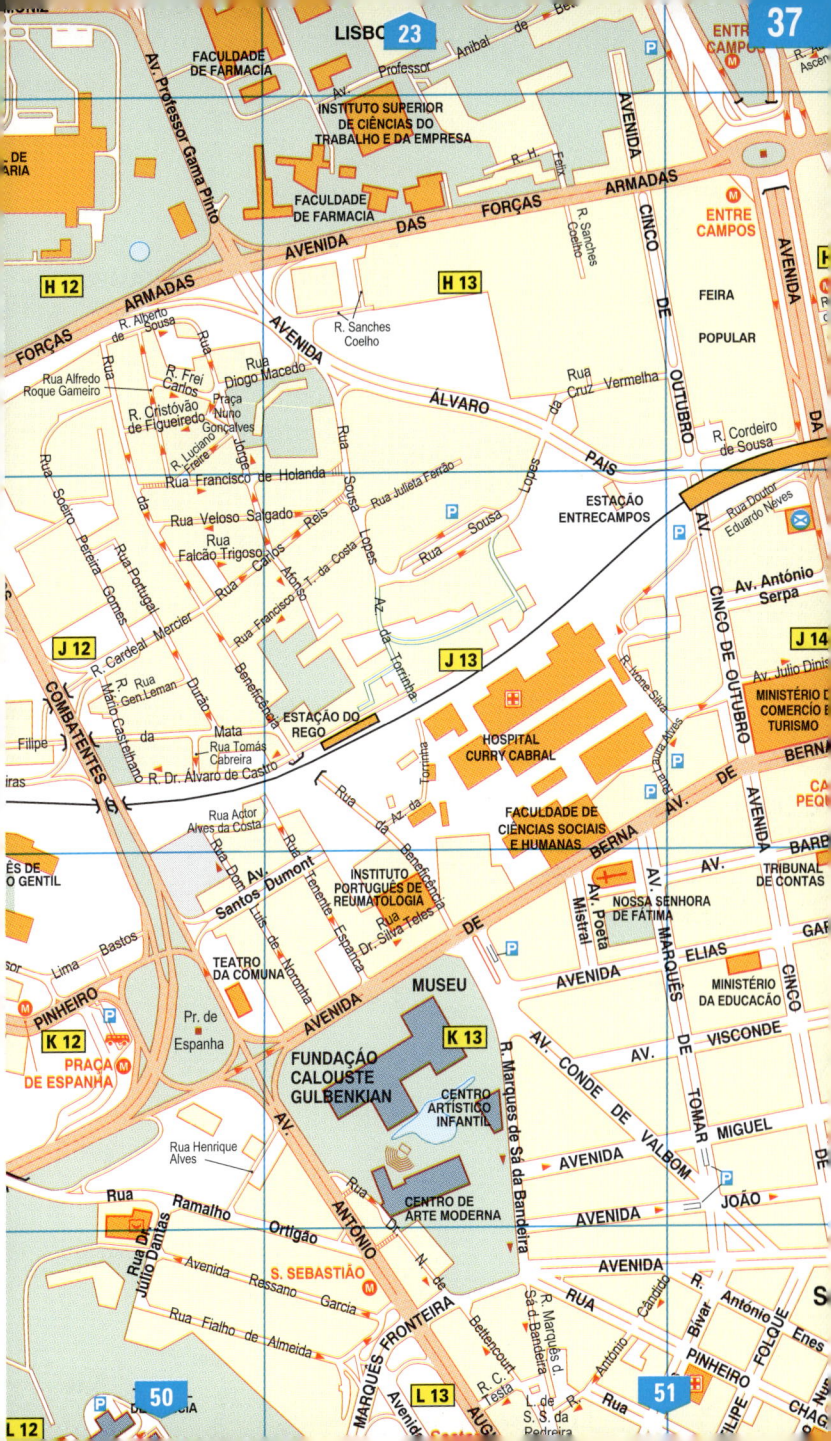

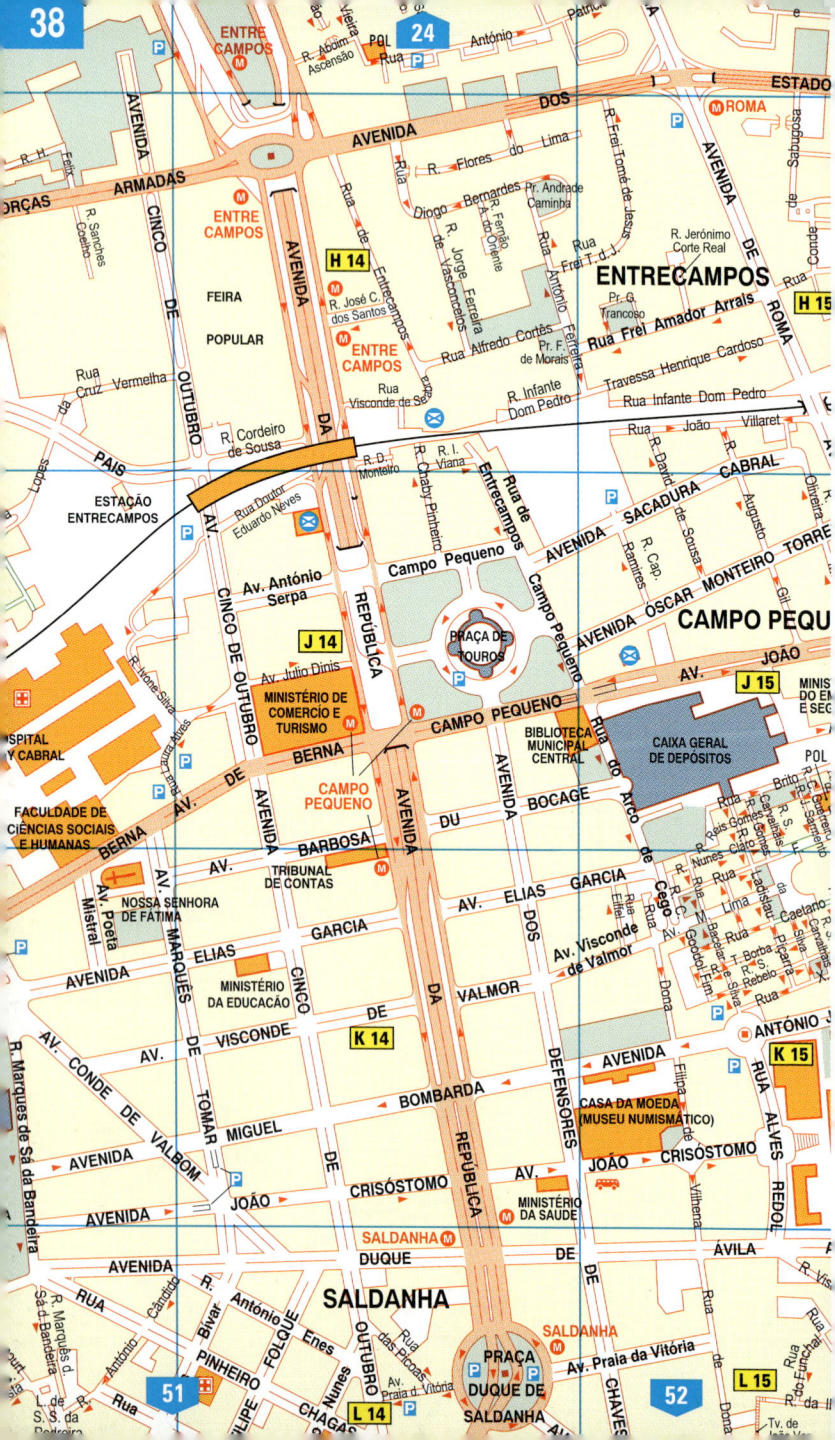

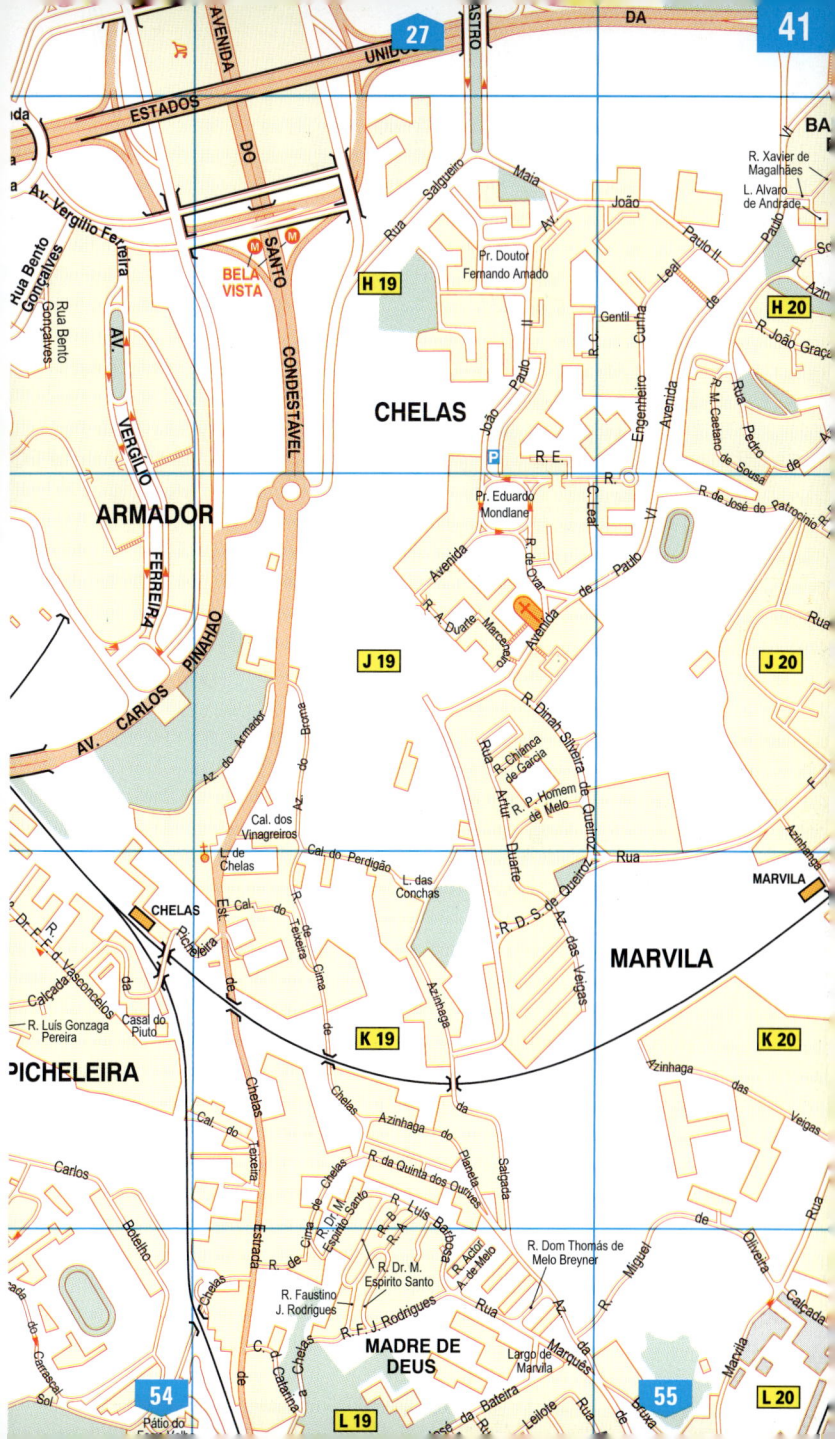

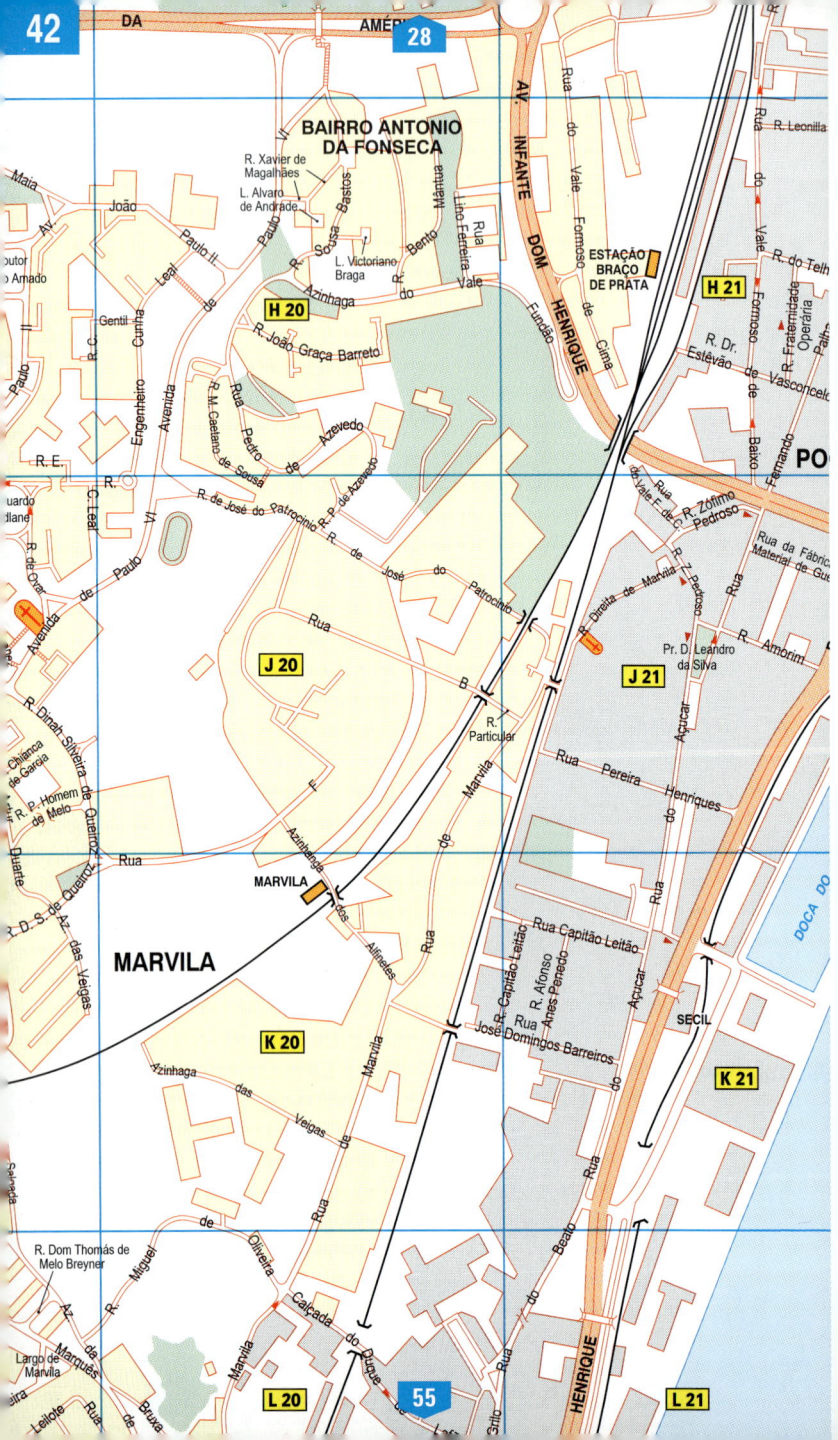

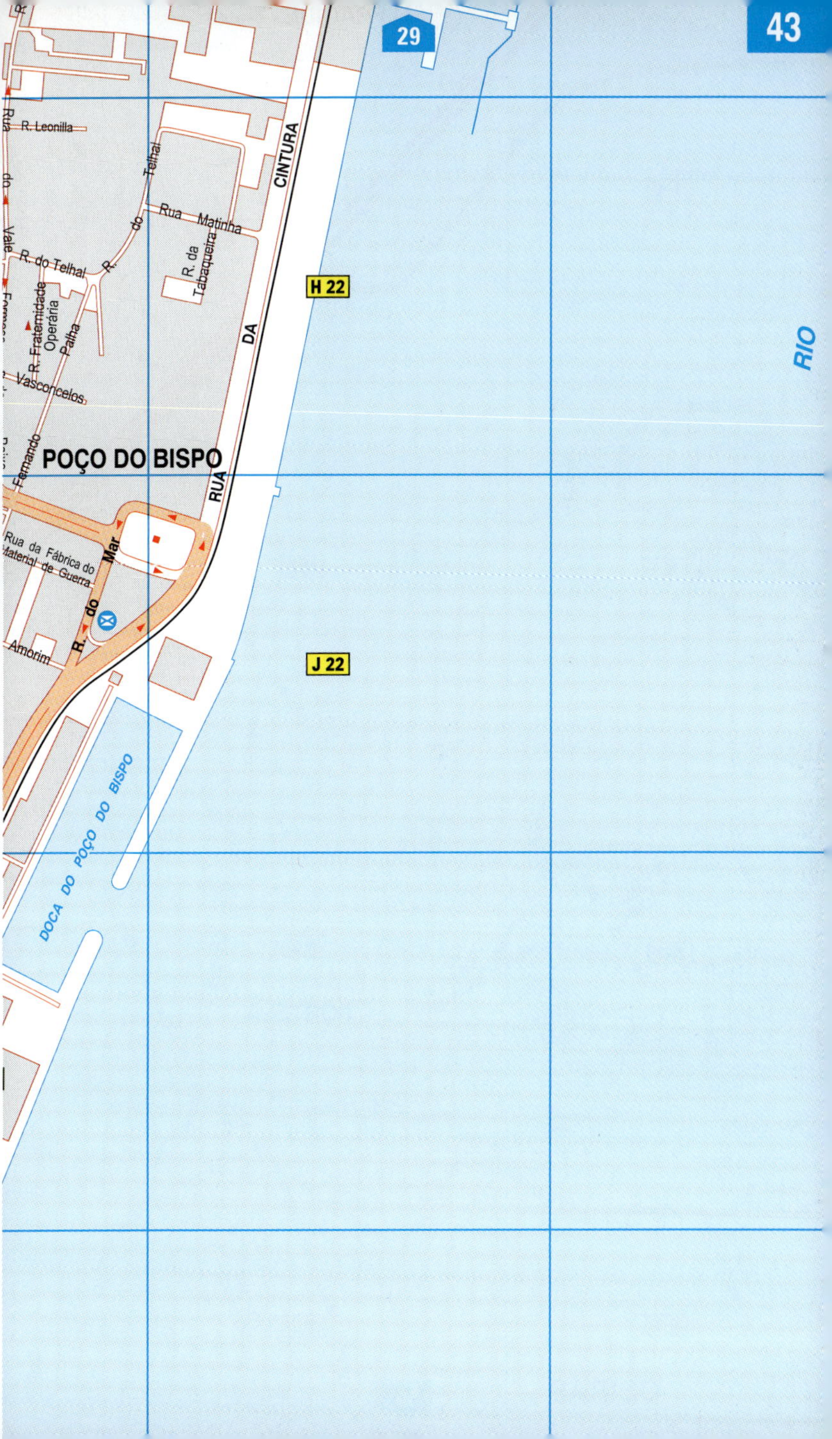
29
R. Leonilla
Rua do Vale
Telhal
R. do
Rua Matinha
CINTURA
R. da Tabaqueira
R. do Telhal
R.
H 22
R. Fraternidade Operária
Palha
DA
RIO
Vasconcelos
Fernando
POÇO DO BISPO
RUA
Rua da Fábrica do Material de Guerra
Mar
R. do
Amorim
J 22
DOCA DO POÇO DO BISPO

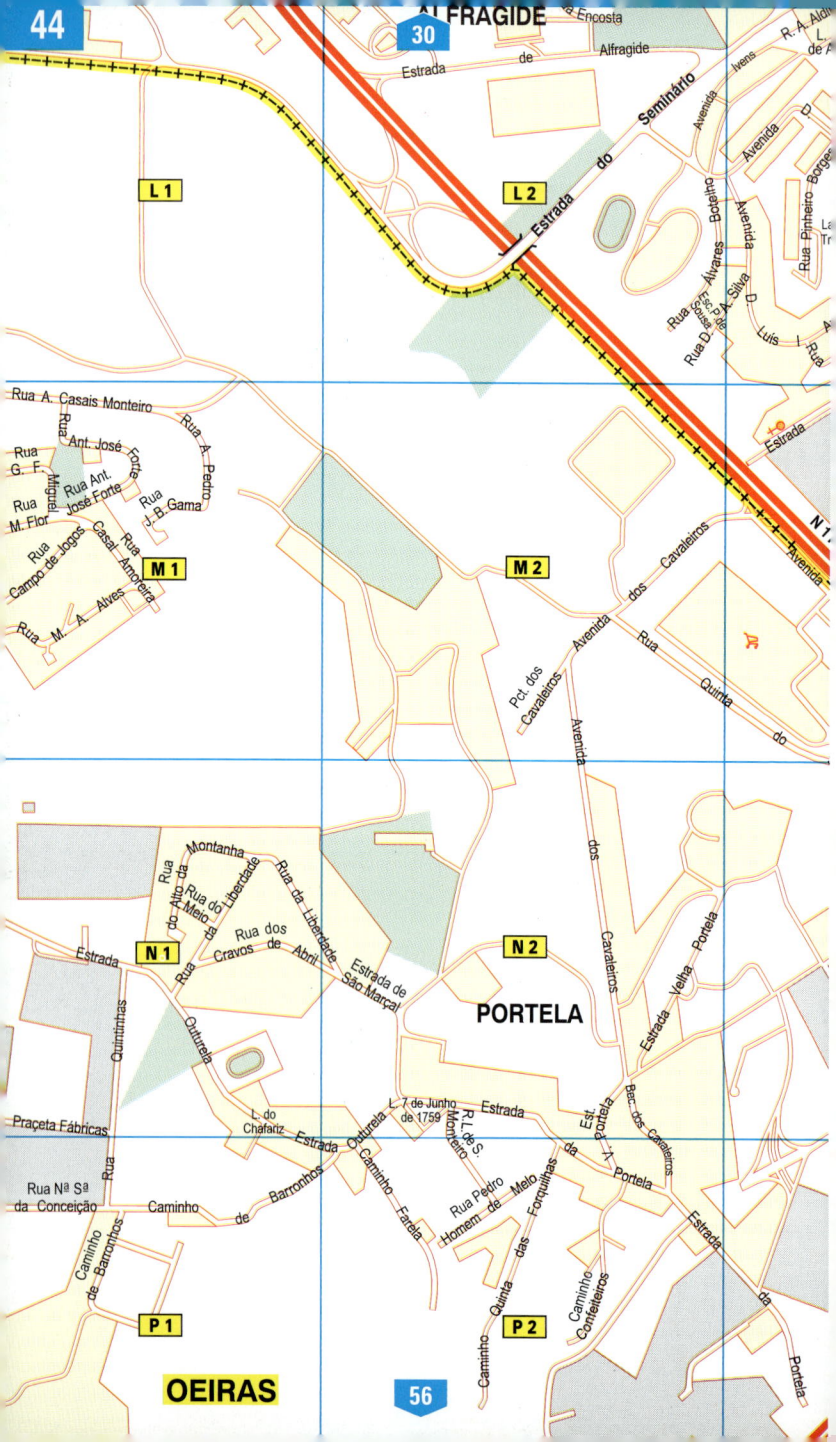

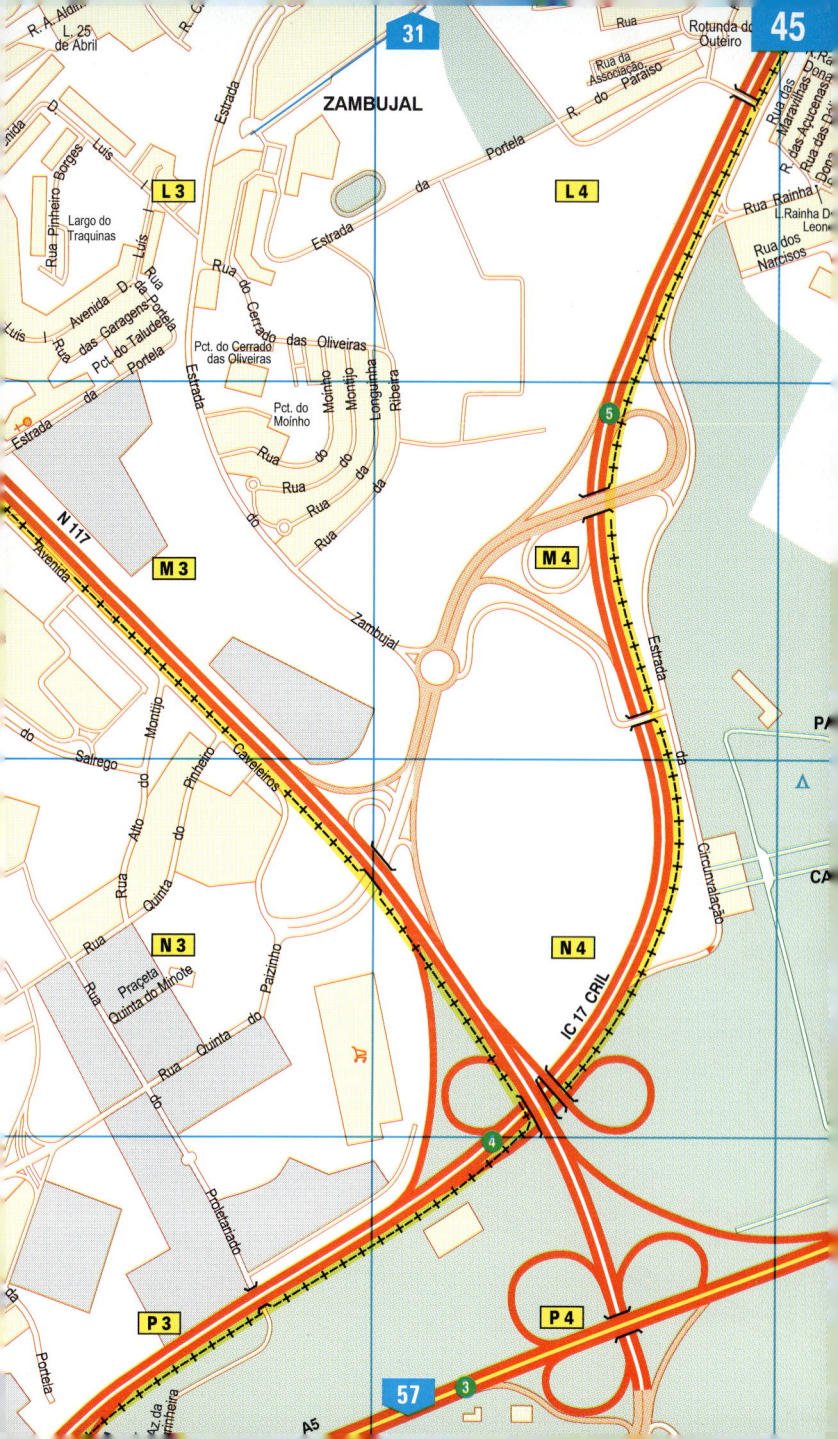

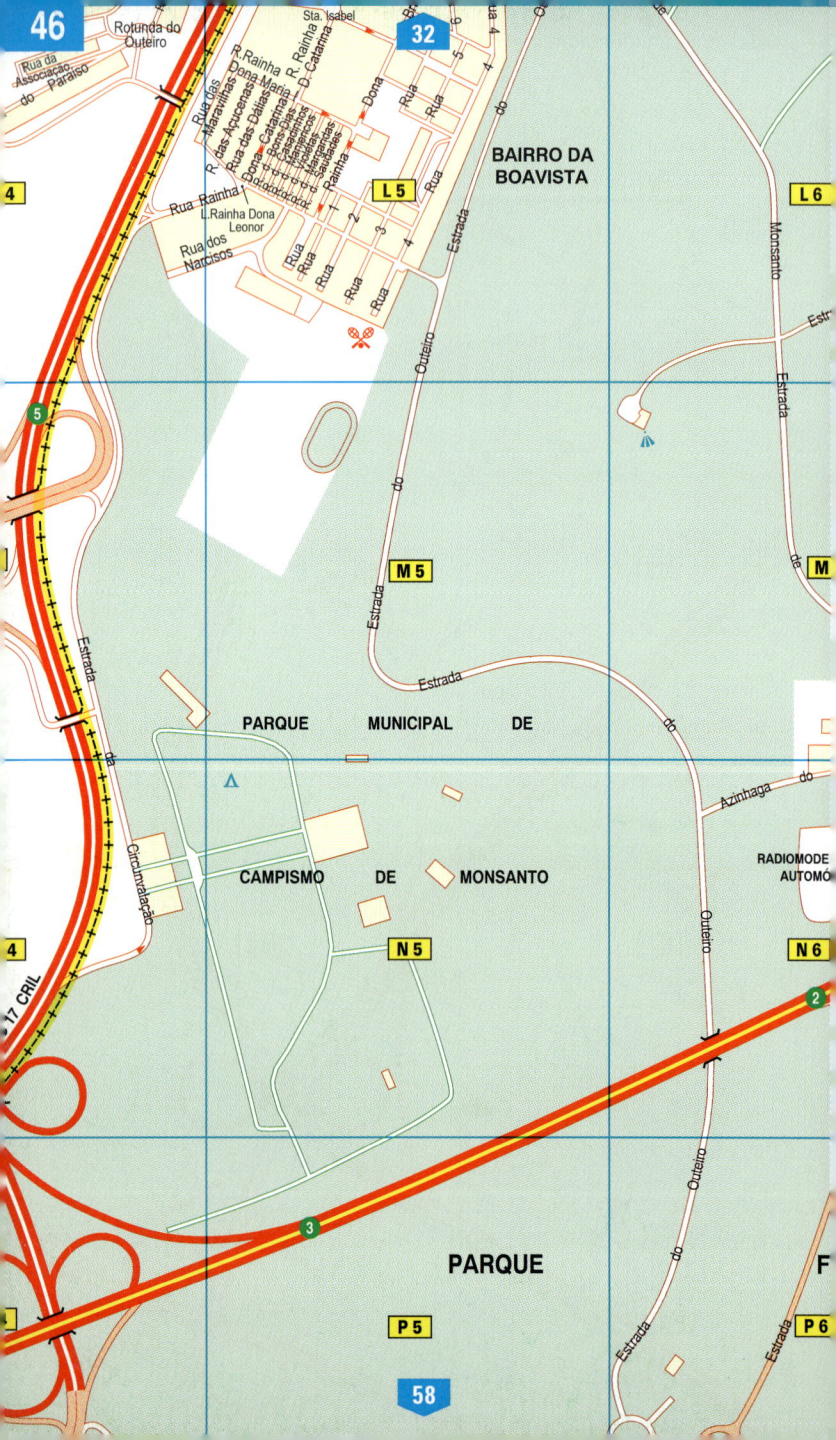

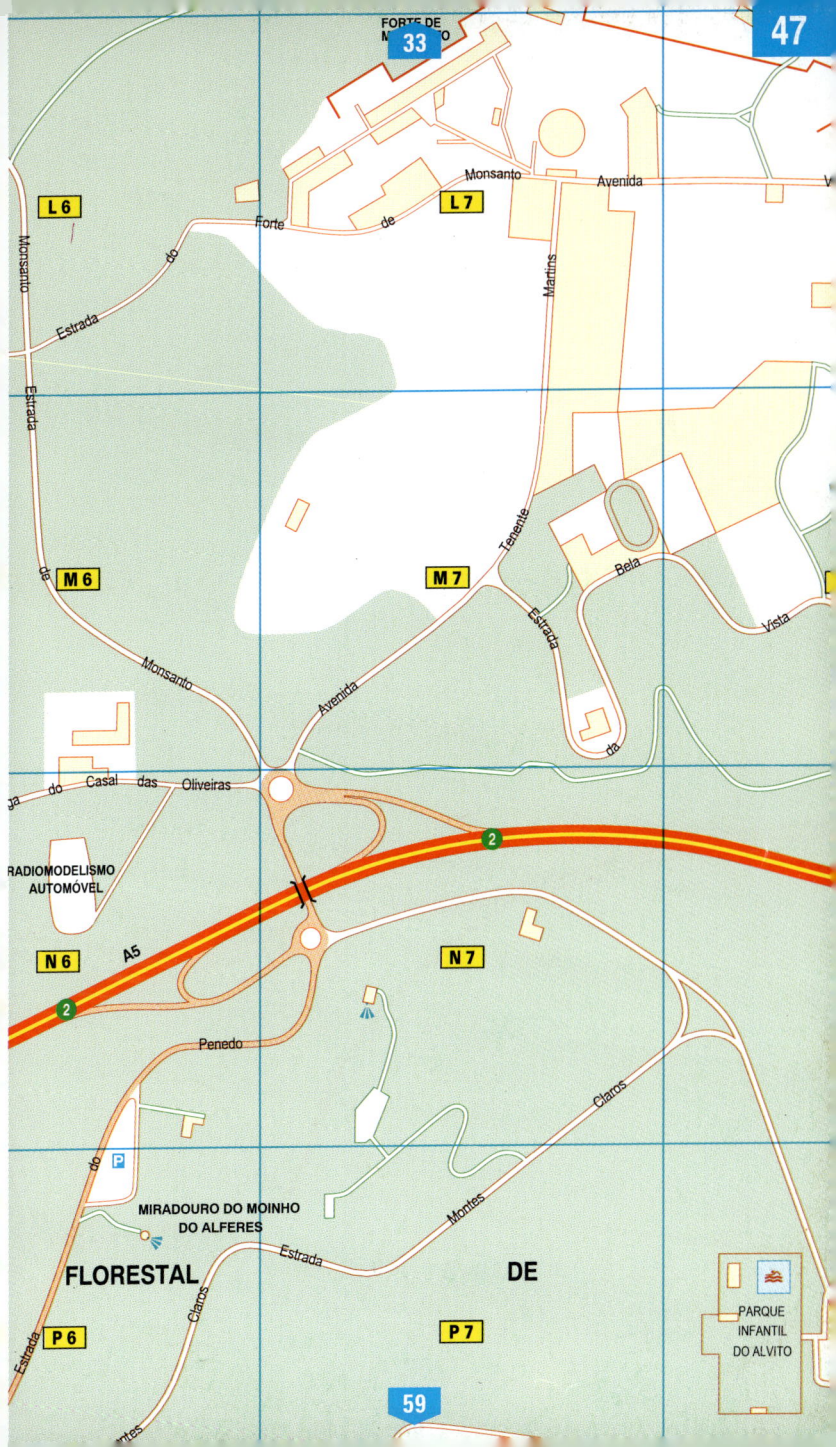

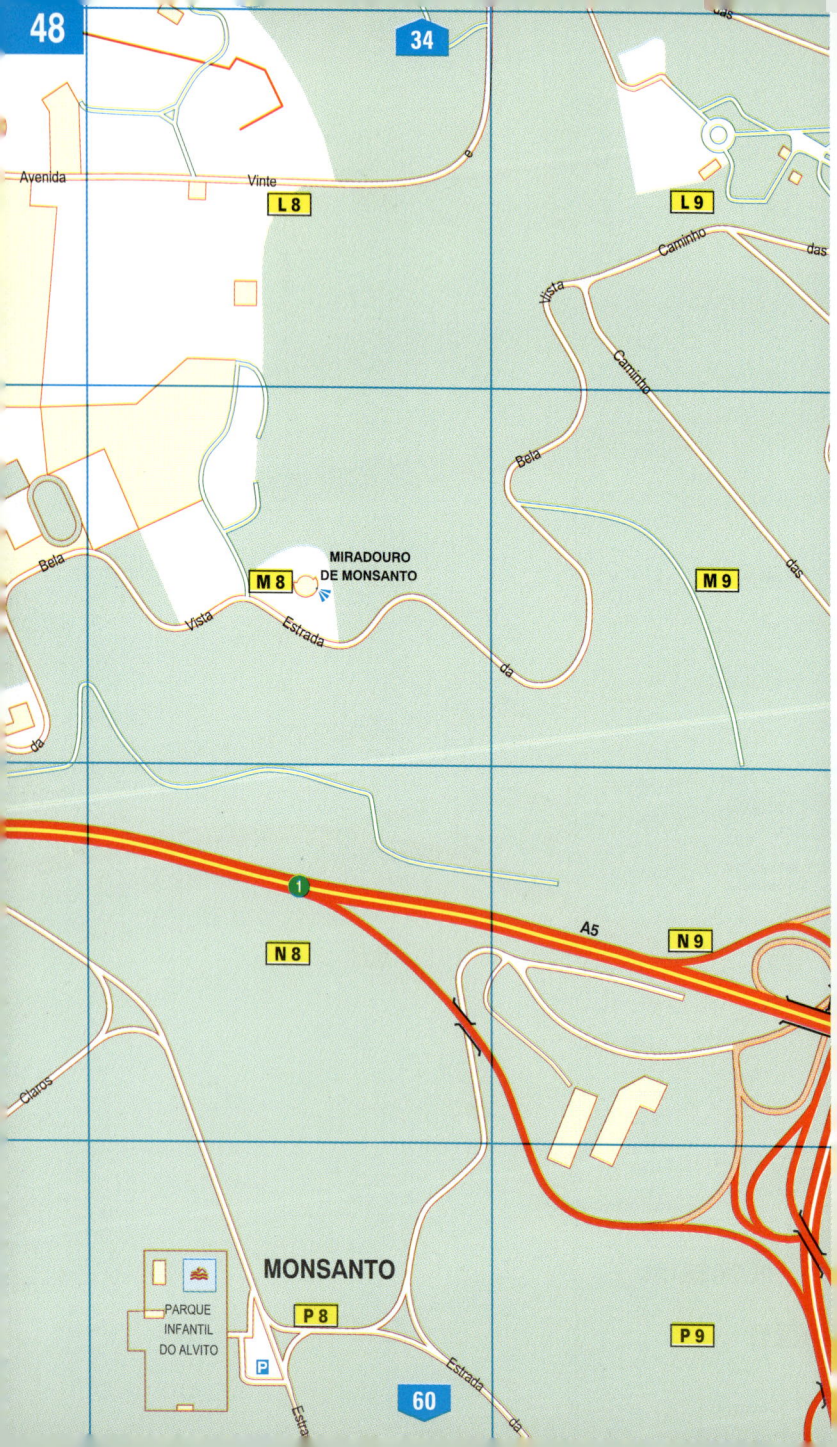

48

34

Avenida   Vinte   **L 8**

L 9

Caminho   das

Vista

Caminho

MIRADOURO
DE MONSANTO

Bela

M 8   **M 9**

Vista   Estrada   da

Bela

da

das

1

A5   **N 9**

N 8

Claros

MONSANTO

PARQUE
INFANTIL
DO ALVITO

P 8   **P 9**

Estrada   da

Estr

60

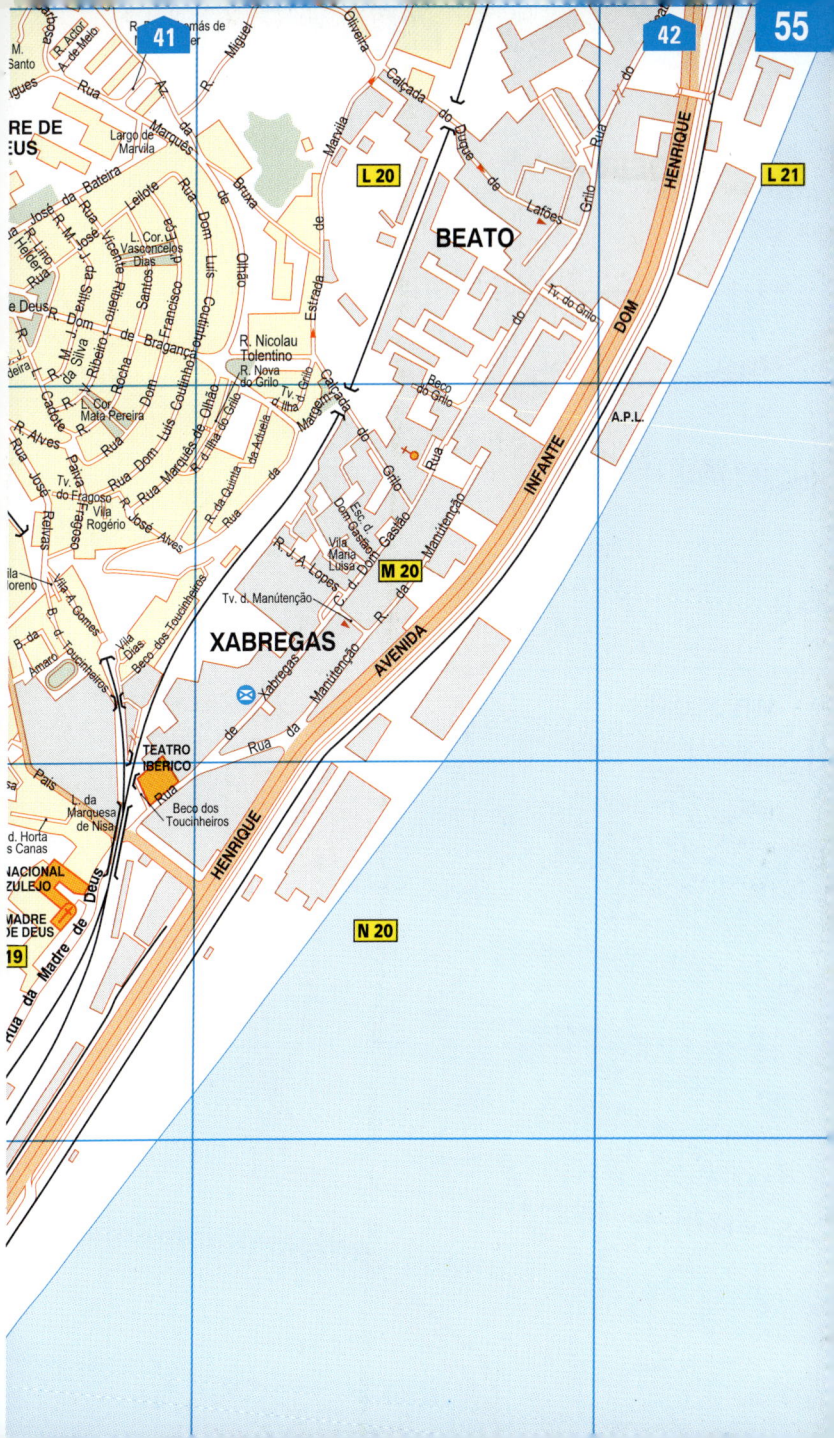

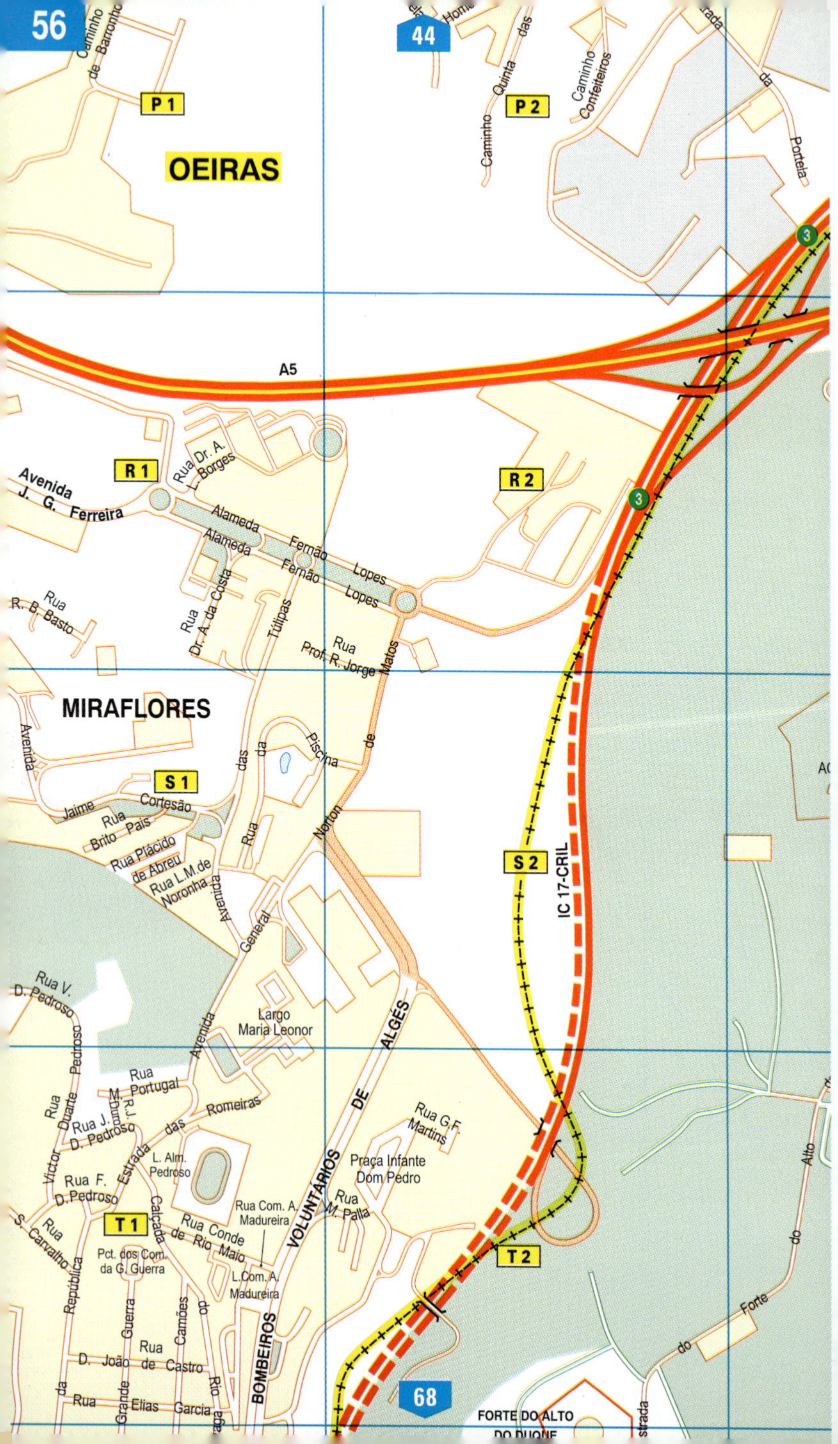

Caminho de Barronha
P 1
Caminho Horne das
Quinta das
Caminho Confeiteiros
P 2
Portela
da

OEIRAS

A5

Rua Dr. A. Borges
R 1
Avenida J. G. Ferreira
Alameda
Alameda Fernão Lopes
Fernão Lopes
R 2

Rua R. B. Basto
Rua Dr. A. da Costa
Tílipas
Rua Prof. R. Jorge Matos

MIRAFLORES

Rua da da Piscina
de Norton
S 1
Jaime Cortesão
Rua Brito Pais
Rua Plácido de Abreu
Rua L.M de Noronha
Rua Avenida

S 2

IC 17-CRIL

Rua V. D. Pedroso
Avenida General
Largo Maria Leonor

DE ALGÉS

Rua M. R.J. D. Pedroso
Rua Duarte Pedroso
Rua Portugal
Rua J.
Romeiras
Estrada das
L. Alm. Pedroso
Rua G.F. Martins

Victor D. Pedroso
Rua F. D. Pedroso
Calçada de Rio Maio
Rua Conde de Rio Maio
Rua Com. A. Madureira
Praça Infante Dom Pedro
Rua M. Palla

T 1
S. Carvalho
Rua República
Pct. dos Com. da G. Guerra
L.Com. A. Madureira

VOLUNTÁRIOS

BOMBEIROS

Rua Guerra
Rua Camões
Rua D. João de Castro
Rua Rio
Rua Grande Elias Garcia

T 2

Forte

do

Estrada

3
3

FORTE DO ALTO DO DUQUE

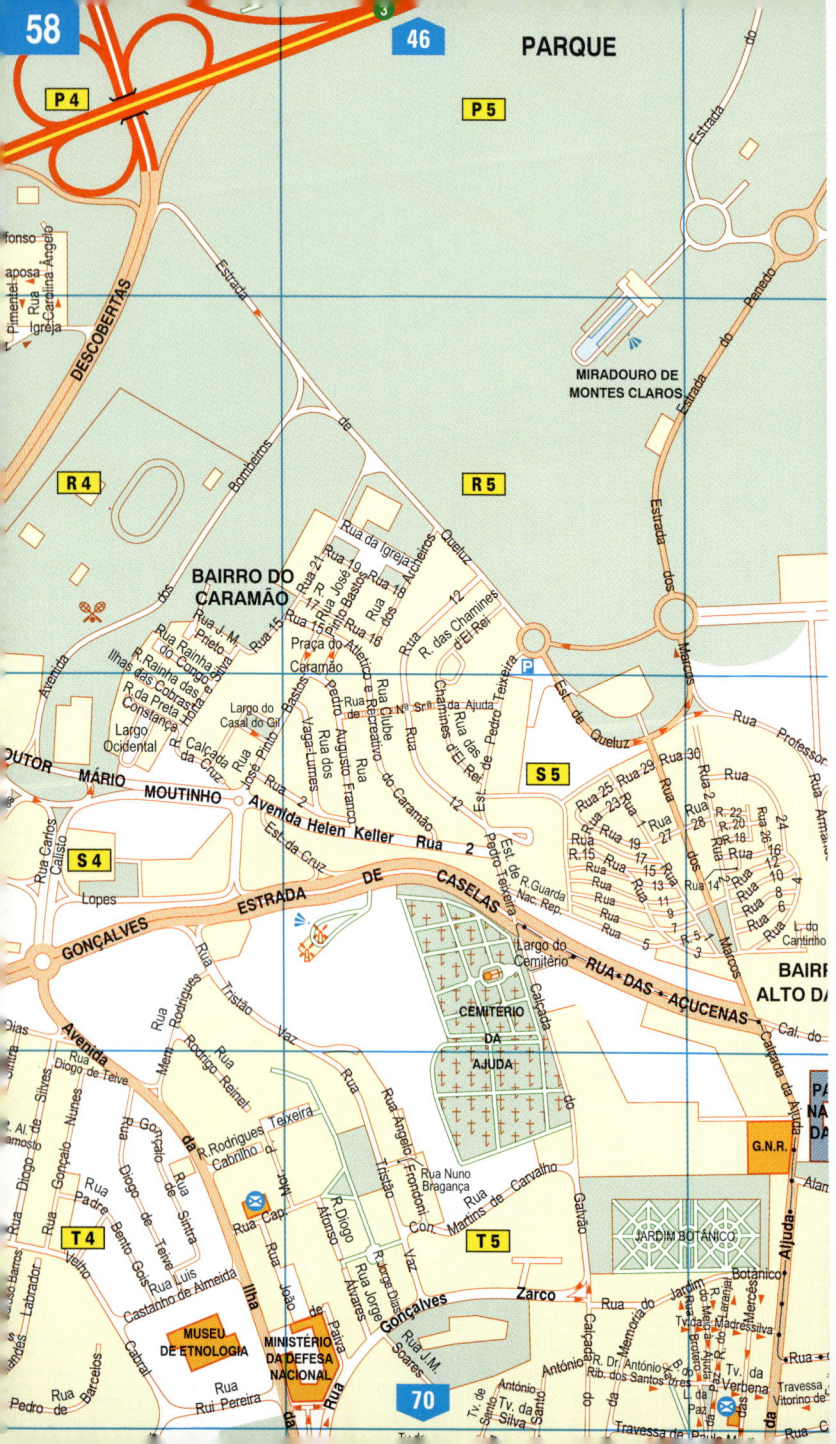

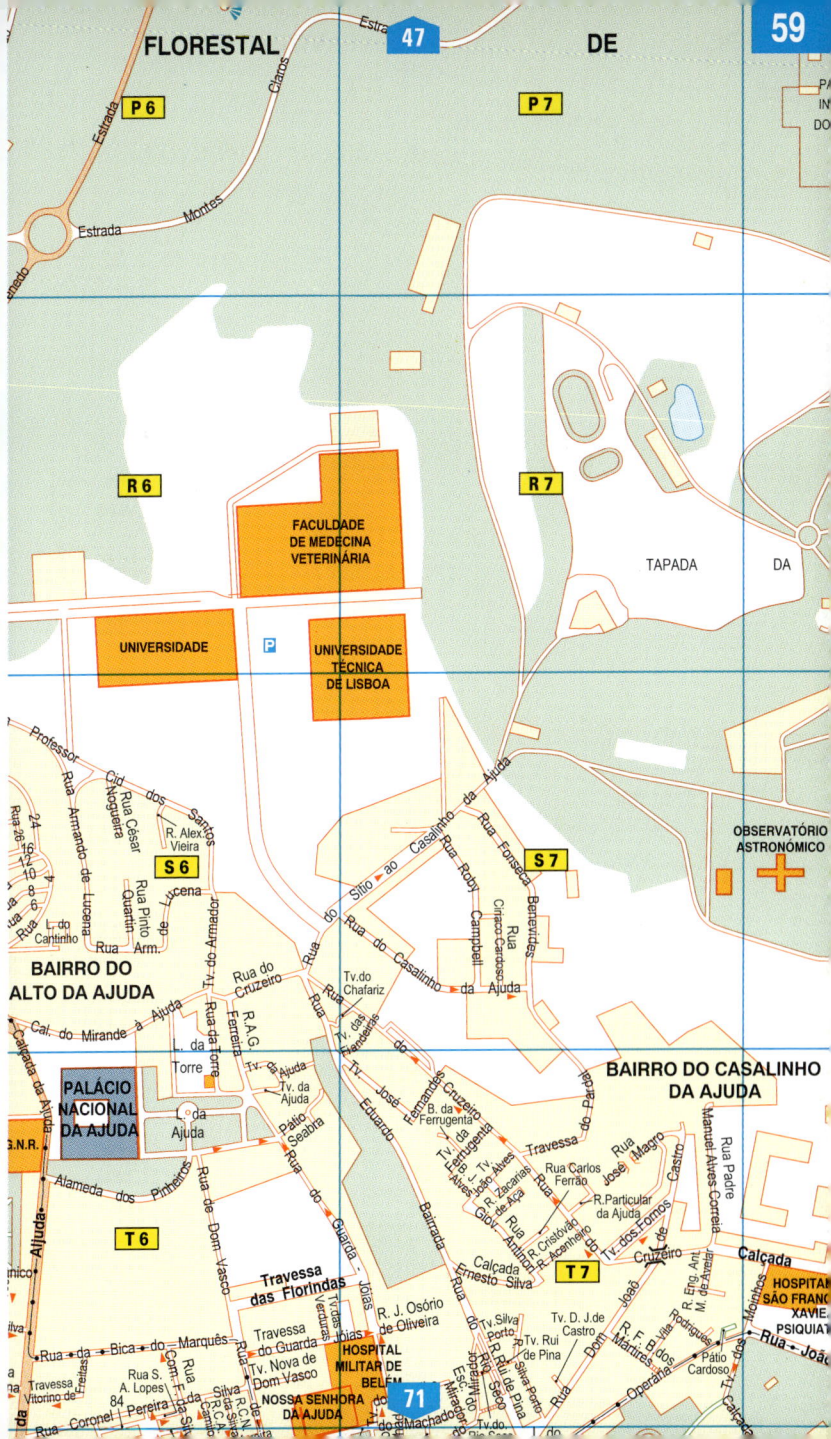

P 6

P 7

R 6

R 7

Estrada dos Clamos

Estrada Montes

FACULDADE
DE MEDICINA
VETERINÁRIA

TAPADA DA

UNIVERSIDADE

P

UNIVERSIDADE
TÉCNICA
DE LISBOA

OBSERVATÓRIO
ASTRONÓMICO

Rua Professor

Rua Armando de Lucena

Cid dos Santos

Rua César Nogueira

R. Alex Vieira

S 6

Rua 26 24 16 12 10 8 6 4

Rua Pinto Quartin

L. do Cantinho

Rua Arm.

BAIRRO DO
ALTO DA AJUDA

Rua do Sítio ão Casalinho da Ajuda

Rua do Casalinho

Rua Rosa Bonheur

Rua Raúl Campbell

Rua Crispão Benevides

Rua Crispim Cardoso

S 7

BAIRRO DO CASALINHO
DA AJUDA

Cal. do Mirande à Ajuda

Rua da Torre

R.A.G. Ferreira

Torre

Rua da Ajuda

Tv. da Ajuda

Tv. do Chafariz

Pátio Seabria

Calçada da Ajuda

PALÁCIO
NACIONAL
DA AJUDA

do Ajuda

G.N.R.

Alameda dos Pinheiros

Rua de Dom Vasco

T 6

Tv. José Eduardo

Rua Bairrada

Rua Fernandes Cruzeiro

B. da Ferrugenta

Tv. da Ferrugenta

Tv. Alex. Jr.

R. Vict. Alves

R. Zacarias

R. de Aça

Glov. Antino

Rua

R. Acenheiro

R. Cristovão

Travessa
Rua Carlos Ferrão

R. Particular da Ajuda

Rua José Magro

Rua Manuel Alves Correia

Rua Padre

Castro

Tv. dos Fornos

Cruzeiro

Calçada
Ernesto Silva

T 7

Calçada

Rua Eng. Ant M. de Avelar

HOSPITAL
SÃO FRANC
XAVIE
PSIQUIA

Travessa
das Florindas

Travessa
do Guarda

Tv. Nova de
Dom Vasco

Rua das Joias

Tv. do Machado

R. J. Osório
de Oliveira

Tv. Silva
Porto

Tv. Rui
de Pina

Tv. D. J. de
Castro

R. F. B. dos
Martires

R. Rd. de Pina

Silva Porto

Rua João

Rua Operária

R. Rodrigues

Pátio
Cardoso

Rua João

HOSPITAL
MILITAR DE
BELÉM

Rua da Bica do Marquês

Rua S. A. Lopes

Travessa Vitorino de

Rua 84 Pereira da Silva

R. Coronel

71

NOSSA SENHORA
DA AJUDA

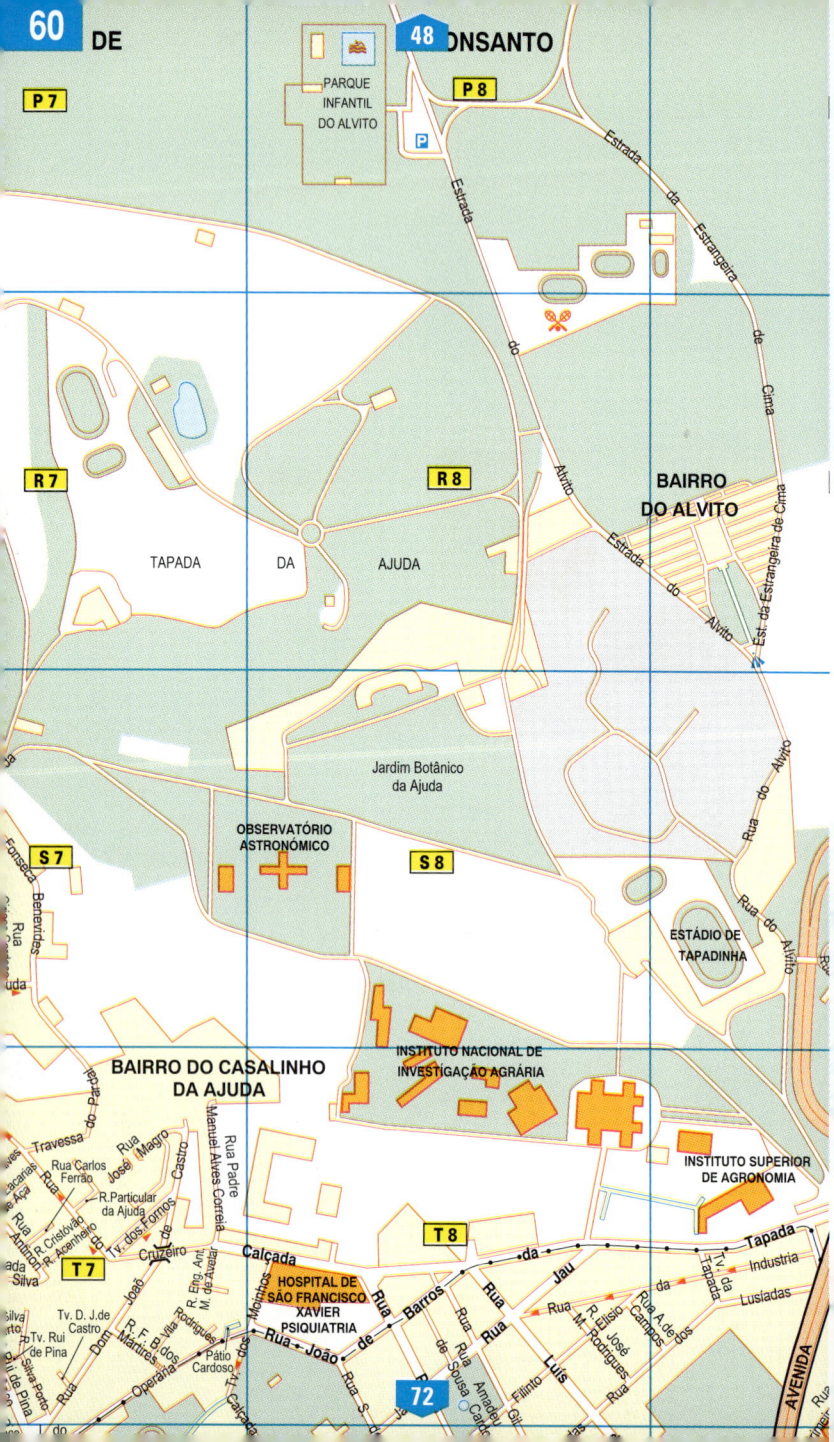

P 7

PARQUE
INFANTIL
DO ALVITO

P 8

R 7

R 8

BAIRRO
DO ALVITO

TAPADA   DA   AJUDA

Jardim Botânico
da Ajuda

OBSERVATÓRIO
ASTRONÓMICO

S 7

S 8

ESTÁDIO DE
TAPADINHA

BAIRRO DO CASALINHO
DA AJUDA

INSTITUTO NACIONAL DE
INVESTIGAÇÃO AGRÁRIA

INSTITUTO SUPERIOR
DE AGRONOMIA

Travessa

Rua Carlos
Ferrão

R.Particular
da Ajuda

T 7

T 8

Calçada   da   Tapada   Industria

Lusíadas

HOSPITAL DE
SÃO FRANCISCO
XAVIER
PSIQUIATRIA

Rua   João   de   Barros

72

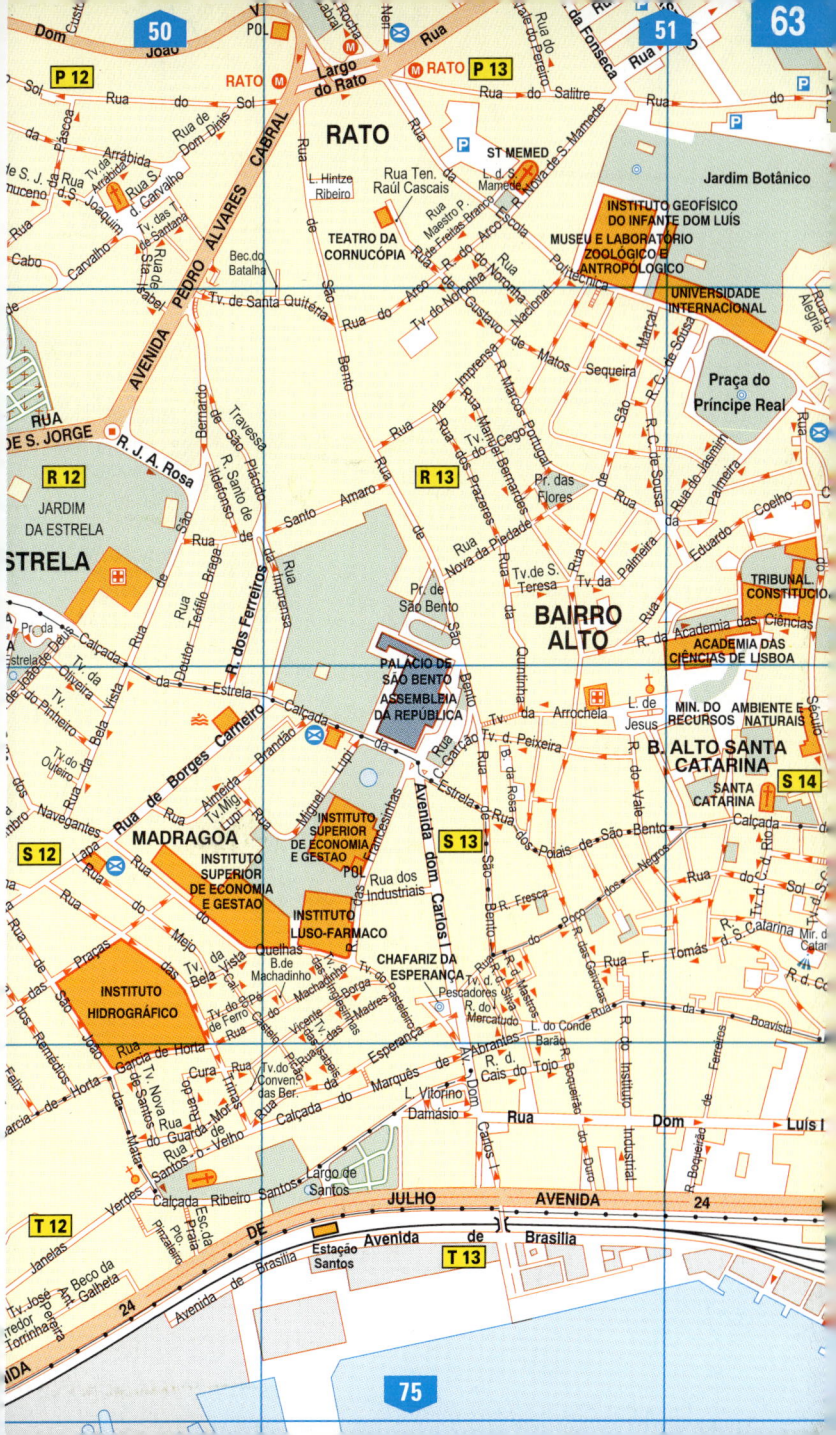

ALBUQUERQUE

P 19

MUSEU DA
ÁGUA DA EPAL

18

Rua do Alviela

Rua de Santa Apolónia

Barbadinhos

d. Santa Apolónia

Rua
o Couto

Santa
Apolónia

INFANTE

C. de

P

Bica
bato

do Sapato

18

P

ÃO

O MARITIMA
TA APOLÓNIA

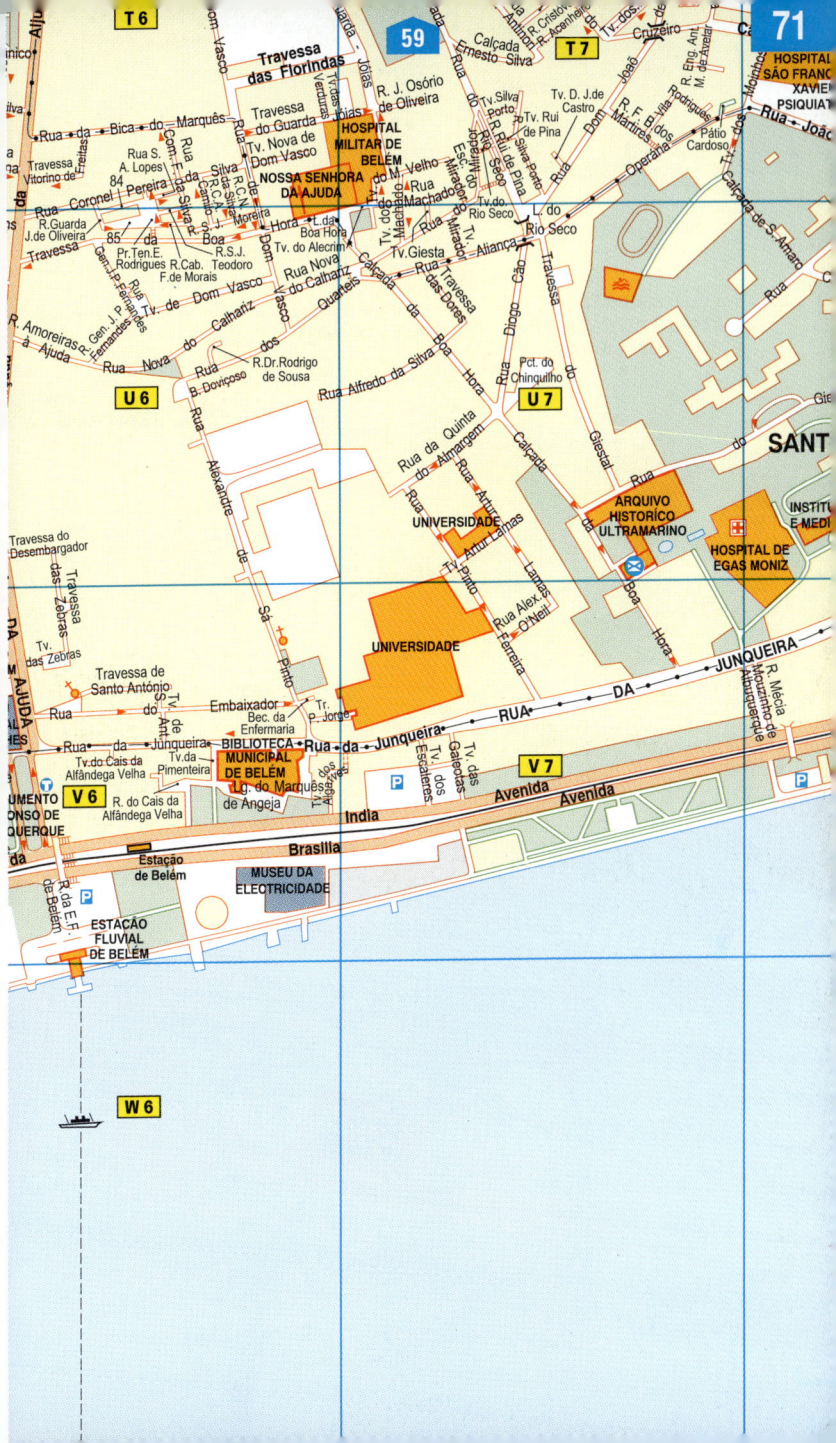

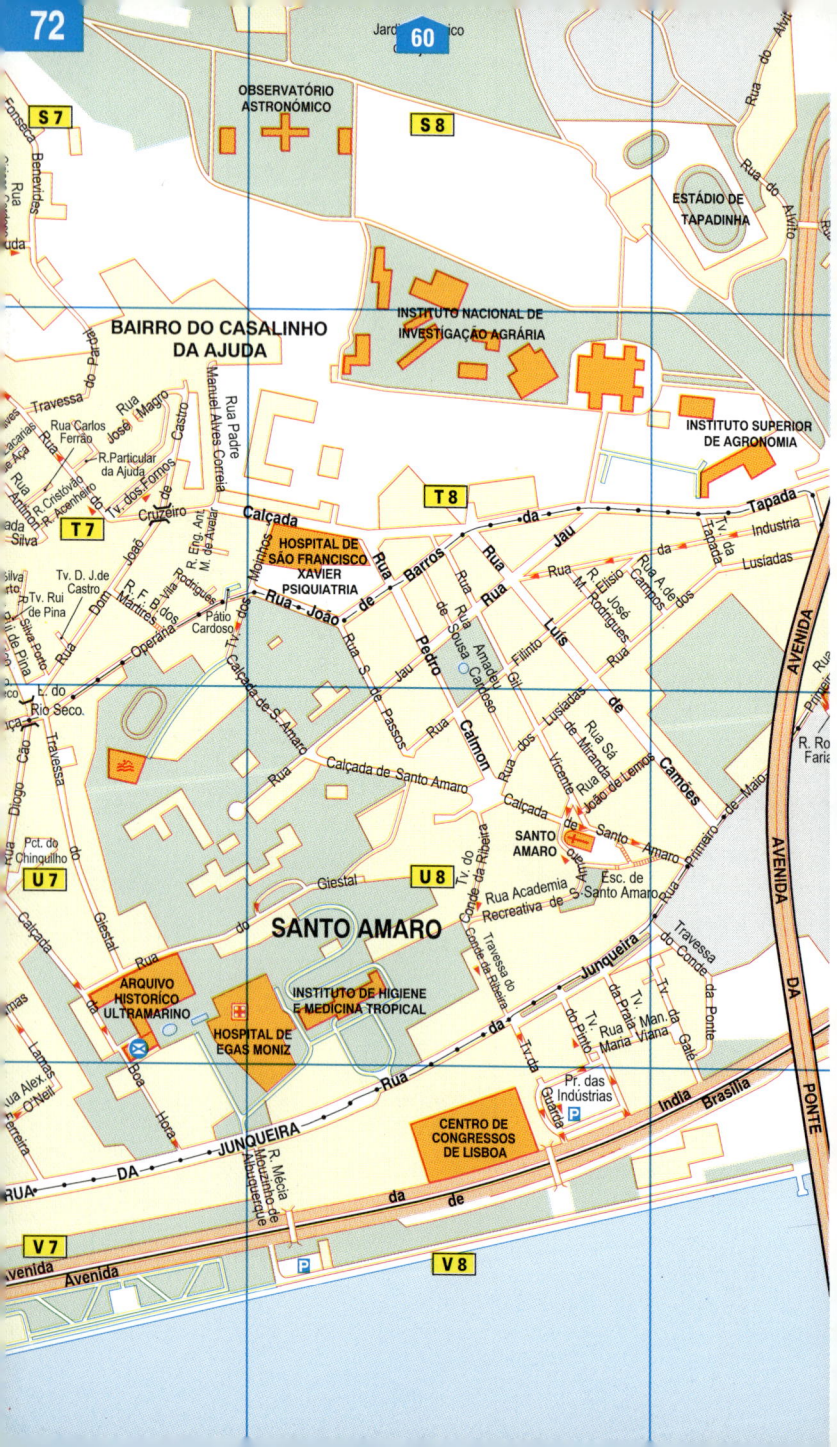

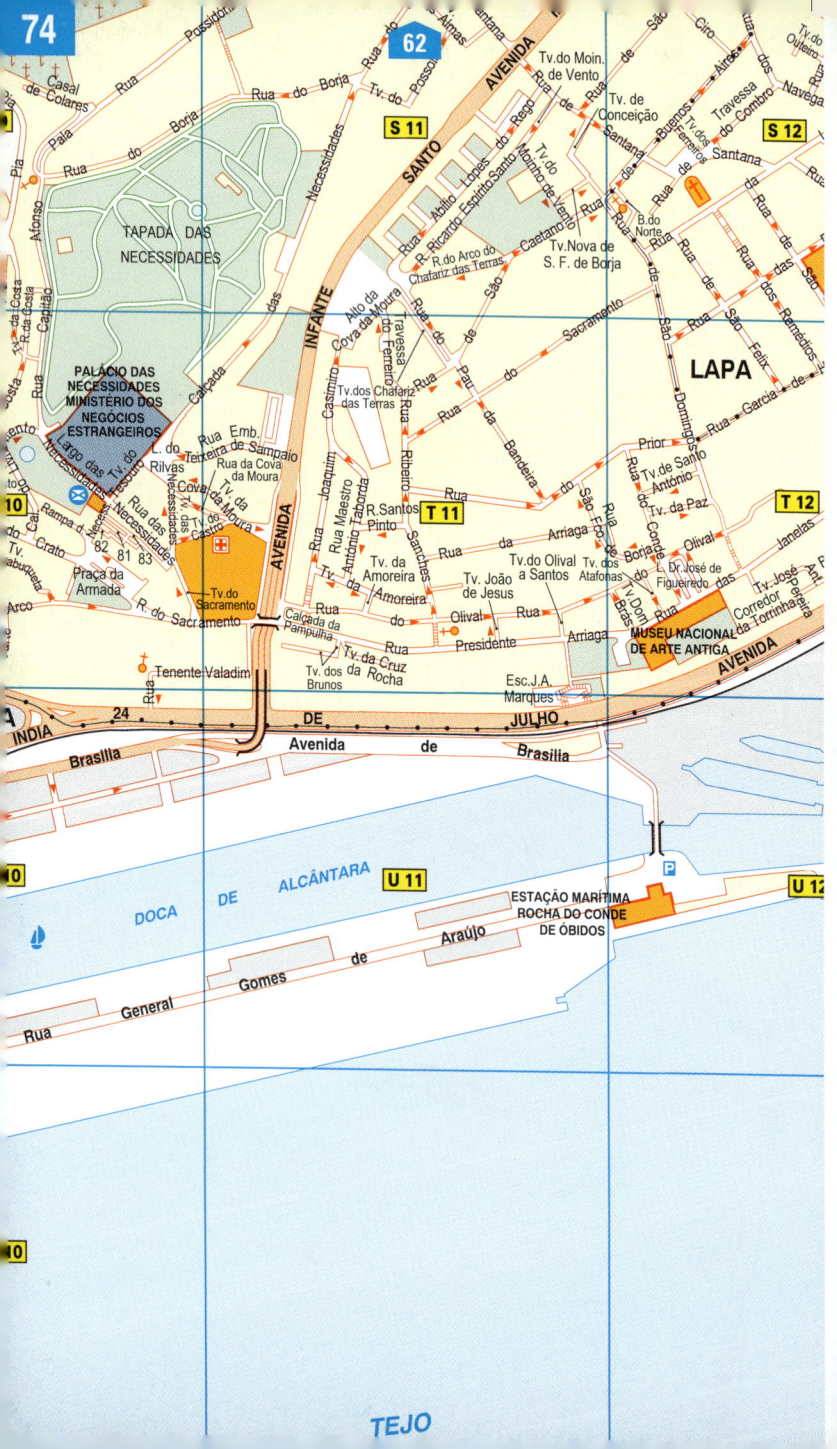

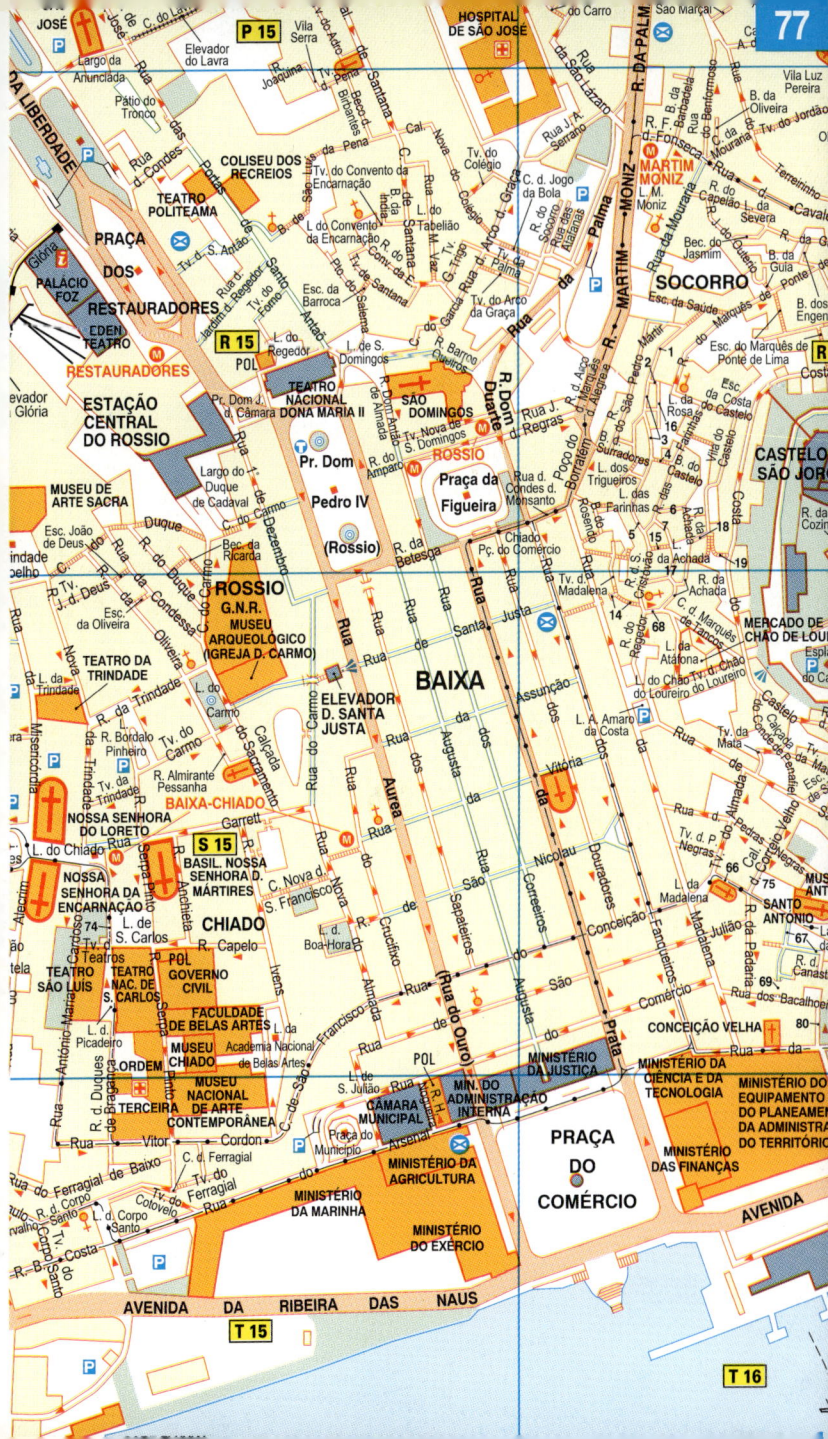

79

LEGENDA / LÉGENDE

Estradas / Voirie

Auto-estrada e numero do no de saida	Autoroute et sortie numérotée
Estrada com 2 faixas de rodagem tipo auto-estrada	Double chaussée de type autoroutier
Estrada com faixas de rodagem separadas	Chaussées séparées
Principais itinerários	Principaux itinéraires
Via em construção (eventual: data prevista para estrada transitável)	Voie en construction (le cas échéant : date de mise en service)
Via reservada a peões	Voie piétonne
Rua com sentido único	Rue à sens unique
Rua impraticavel, regulamentada	Rue interdite ou impraticable
Escada - Passadeira	Escalier - Passerelle
Passagem sob arco - Túnel	Passage sous voûte - Tunnel

Edifícios / Bâtiments

Edificio interessante	Édifice remarquable
Principais edificios públicos	Principaux bâtiments publics
Igreja, capela	Église, chapelle
Templo - Sinagoga - Mesquita	Temple - Synagogue - Mosquée
Polícia - Centro de Turismo	Police - Office de tourisme
Hospital, clínica - Centro comercial	Hôpital, clinique - Centre commercial
Correios - Telefone	Bureau de poste - Téléphone
Zona industrial - Mercado coberto	Zone industrielle - Marché couvert

Transportes / Transports

Via férrea - Eléctrico	Voie ferrée - Tramway
Estação de Metro - Telecabine	Station de Métro - Télécabine
Estaçao de autocarros	Gare routière
Principais praças de taxis	Principales stations de taxi
Parque de estacionamento	Principaux parkings
Transporte por barco: só de passageiros, passageiros e automóveis	Transports par bateau: passagers seulement, passagers et voitures

Desportos e Laser / Sports et Loisirs

Estádio - Piscina	Stade - Piscine
Golfe - Campismo	Golf - Camping
Porto de abrigo - Ténis	Port de plaisance - Tennis

Sinais diversos / Signes divers

Monumento - Chafariz	Monument - Fontaine
Moinho de vento	Moulin à vent
Cemitério	Cimetière
Vista - Panorama	Point de vue - Panorama
Via indicada no índice	Voie dénommée dans l'index
Limite administrativo	Limite administrative
Referência da quadrícula	Repère du carroyage

KEY		SIGNOS CONVENCIONALES

Roads

		Vías de circulación
Motorway with numbered junctions		Autopista y número de salida
Dual carriageway with motorway characteristics		Autovía
Dual carriageway		Calle con calzadas separadas
Main traffic artery		Arterias principales
Street under construction (when available: scheduled opening date)		Calle en construcción (en su caso: fecha de entrada en servicio)
Pedestrian street		Calle peatonal
One-way street		Calle de sentido único
No entry or unsuitable for traffic		Circulación prohibida, impraticable
Stepped street - Footbridge		Escalera - Pasarela
Arch - Tunnel		Pasaje cubierto - Túnel

Buildings / Edificios

Interesting building		Edificio relevante
Main public buildings		Principales edificios públicos
Church, chapel		Iglesia, capilla
Protestant church - Synagogue - Mosque		Culto protestante - Sinagoga - Mezquita
Police - Tourist information centre	POL	Policía - Oficina de Información de Turismo
Hospital, clinic - Shopping centre		Hospital, clínica - Centro comercial
Post office - Telephone		Oficina de Correos - Teléfonos
Industrial estate - Indoor market		Polígono industrial - Mercado cubierto

Transport / Transportes

Railway - Tramway		Ferrocarril - Tranvía
Metro station - Cable-car	Ⓜ	Estación de Metro - Telecabina
Bus station		Estación de autobuses
Main taxi ranks - Main car parks	P	Principales paradas de taxis - Aparcamientos
Ferry services: passengers only, passengers and car		Transporte por barco: pasajeros solamente, pasajeros y vehículos

Sports and Recreation / Deportes y ocio

Stadium - Swimming pool		Estadio - Piscina
Golf course - Camping site		Golf - Camping
Pleasure boat harbour - Tennis courts		Puerto deportivo - Tenis

Other symbols / Otros Signos

Monument - Fountain		Monumento - Fuente
Windmill		Molino de viento
Cemetery		Cementerio
Viewpoint - Panoramic view		Vista - Panorama
Street listed in index	5	Calle citada en el índice
Administrative boundary		Límite administrativo
Map grid references	L 14	Coordenadas del plano

ZEICHENERKLÄRUNG

LEGENDA

Verkehrswege

Viabilità

Autobahn und Nr. der Ausfahrt	Autostrada e svincolo numerato
Schnellstraße	Doppia carreggiata di tipo autostradale
Straße mit getrennten Fahrbahnen	Carreggiate separate
Hauptverkehrsstraßen	Itinerario Principale
Straße im Bau (ggf. Datum der Verkehrsfreigabe)	Strada in costruzione (data di apertura prevista, all'occorrenza)
Fußgängerzone	Strada pedonale
Einbahnstraße	Strada a senso unico
Straße gesperrt oder nicht befahrbar	Strada ad accesso vietato o impraticabile
Treppenstraße - Steg	Scalinata - Passerella
Gewölbedurchgang - Tunnel	Sottopassaggio - Galleria

Gebäude

Edifici

Bemerkenswertes Gebäude	Edificio interessante
Öffentliche Gebäude	Principali edifici pubblici
Kirche, Kapelle	Chiesa, cappella
Evangelische Kirche - Synagoge - Moschee	Tempio - Sinagoga - Moschea
Polizeirevier - Informationsstelle	Polizia - Ufficio Turistico
Krankenhaus, Klinik - Einkaufszentrum	Ospedale, clinica - Centro commerciale
Postamt - Telefon	Ufficio postale - Telefono
Gewerbegebiet - Markthalle	Area industriale - Mercato coperto

Verkehrsmittel

Trasporti

Bahnlinie - Straßenbahn	Ferrovia - Tranvia
Metrostation - Seilschwebebahn	Stazione della Metropolitana - Cabinovia
Autobusbahnhof	Stazione per autobus
Haupttaxistand - Parkplatz	Principale posteggio di taxi - Parcheggio
Schiffsverbindungen: Personenfähre, Autofähre	Transporto con traghetto: solo passeggeri, passeggeri ed autovetture

Sport, Freizeit

Sport e Tempo libero

Stadion - Schwimmbad	Stadio - Piscina
Golfplatz - Campingplatz	Golf - Campeggio
Jachthafen - Tennisplatz	Porto per imbarcazioni da diporto - Tennis

Verschiedene Zeichen

Simboli vari

Denkmal - Brunnen	Monumento - Fontana
Windmühle	Mulino a vento
Friedhof	Cimitero
Aussichtspunkt - Rundblick	Vista - Panorama
Straßenreferenz-nr.	Via riportata nell' indice
Verwaltungsgrenze	Limite amministrativo
Nr. des Planquadrats	Riferimento alla pianta

Abreviaturas utilizadas no roteiro

Abréviations utilisées dans l'index

Abbreviations used in the index

Abreviaturas

Abkürzungen, die im Straßenverzeichnis verwendet werden

Abbreviazione utilizzate nell'indice

Alam.	Alameda
Av.	Avenida
Az.	Azinhaga
Bec.	Beco
Cal.	Calçada
Cam.	Caminho
Esc.	Escadas, Escadinhas
Est.	Estrada
L.	Largo
Mir.	Miradouro
Pas.	Passeio
Pct.	Praceta
Pr.	Praça
Pto.	Pátio
R.	Rua
Rot.	Rotunda
Tv.	Travessa

Nome da rua		Nombre de la calle
Nom de la rue	Aurea R.	*Straßenname*
Street		Nome della via
Coordenadas na planta na zona ampliada (N = Nord, S = Sud)		Coordenadas en el plano en el sector ampliado (N = Norte, S = Sur)
Renvoi au carroyage sur le plan, sur l'agrandissement (N = Nord, S = Sud)	**D11, R15** *S*	*Koordinatenangabe auf dem Plan, auf der Ausschittsvergrößerung (N = Nord, S = Süd)*
Map grid reference, enlarged section grid reference (N = North, S = South)		Rinvio alle coordinate sulla pianta, sul settore ingrandito (N = Nord, S = Sud)
Rua indicada na planta com um número (Ver índice p. 115)		Calle localizada por un número en el plano (Ver índice p. 115)
Rue indiquée par un numéro sur le plan (Voir index p. 115)	= 25	*Straße, die im Plan durch eine Nummer bezeichnet ist (Siehe Register S. 115)*
Street indicated by a number on the plan (See index p. 115)		Strade contraddistinte da un numero sulla pianta (Vedere indice p. 115)

A

Nome	Planta nº	Quadrícula
A R. (Alvalade)	25	E16
A R. (Madre de Deus)	41	L19-K19
A-da-Maia Est. da	18	G4-G5
Abade Faria R.	39	K16-J16
Abade Pais Tv.	32	J6
Abarracamento do Peniche	76	R14N
Abel Botelho R.	35	H9
Abel Manta R.	19	G6-F6
Abel Salazar R.	7	C10-C11
Abílio Lopes do Rego R.	62	S11
Aboim Ascensão R.	24	G14
Aboim Ascensão Tv.	24	G14
Abranches Ferrão R.	21	G10
Acácio de Paiva R.	24	F15
Academia das Ciências R. da	63	R13-R14
Academia Nacional de Belas Artes L. da	77	S15S-T15S
Academia Recreativa de Santo Amaro R.	72	U8
Achada Bec. da = 18	77	R16S
Achada Esc. da = 19	77	R16S
Achada L. da	77	R16
Achada R. da	77	R16S-S16S
Açores R. dos	52	L15
Açougue Tv. do (Benfica)	18	G6
Açougue Tv. do (São Vicente de Fora)	78	R16S-R17S
Actor Alves da Costa R.	37	J12
Actor Alves da Cunha R.	32	H5
Actor António Cardoso R.	53	L16
Actor António Silva R.	23	E12-E13
Actor Augusto de Melo R.	41	L19
Actor Estêvão Amarante R.	32	H5
Actor Isidoro R.	39	K16-J16
Actor João Rosa R.	39	K17-J17
Actor Joaquim Almeida R.	39	L16-L17
Actor José Ricardo R.	53	L16
Actor Nascimento Fernandes R.	32	H5
Actor Robles Monteiro R.	32	H6
Actor Taborda R.	52	L14-L15
Actor Tasso R.	51	N14-M14
Actor Vale R.	40	L17-K17
Actor Vasco Santana R.	32	H5-H6
Actriz Adelina Abranches R.	19	F6
Actriz Maria Matos R.	19	F6
Actriz Palmira Bastos R.	27	F19
Actriz Virgínia R.	39	J16
Açúcar R. do	42	K21-J21
Açucenas R. das (Bairro da Boavista)	46	L5
Açucenas R. das (Ajuda)	58	S5-S6
Acúrcio Pereira R.	13	D20
Adães Bermudes R.	26	F18
Adelaide Cabete R.	20	F8
Adelaide Félix R.	19	E7
Adelas R. das	76	R13S
Adelino Amaro da Costa L.	77	S16
Adelino Nunes R.	26	F17-E17
Adiça R. da	78	S17S
Adolfo Coelho R.	54	N18
Adro da Igreja L.	18	G5
Adro Tv. do (Olivais Norte)	14	C20
Adro Tv. do (Socorro)	77	P15S
Afonso Álvares R.	20	F9
Afonso Anes Penedo R.	42	K21
Afonso Costa Av.	39	J16-K17
Afonso de Albuquerque Pr.	70	V5-V6
Afonso de Albuquerque R.	78	S16
Afonso de Paiva R.	68	V2-V3
Afonso do Paço Pr.	49	P11
Afonso Domingues R.	54	P17-P18
Afonso Gonçalves Baldaya R.	68	U2-V2
Afonso Lopes Vieira R.	24	F14-G14
Afrânio Peixoto Pr.	39	H16
Agostinho de Campos R.	72	T8-T9
Agostinho de Carvalho Cal.	65	P16
Agostinho Lourenço R.	39	H16-J16
Agostinho Neto R.	23	D13-E13
Água Cam. da	15	D22-B22
Água da Flor Tv. da	76	R14
Águas Boas Tv. das	35	J10
Águas Livres Pr. das	50	P12
Águas Livres Tv. das	50	N12
Agulheiros Bec. dos	78	R17S
Aires de Ornelas Pr.	53	M17
Ajuda Cal. da	58	S6-W6
Ajuda L. da	59	T6
Ajuda Tv. da	59	T6
Alberto de Oliveira R.	24	G14
Alberto de Sousa R.	37	H12
Alberto Osório de Castro R.	25	F15-G15
Albino Sousa Cruz R.	17	H4
Alcáçarias L. = 60	78	S17S
Alcaide Tv. do	76	S14S
Alcântara R. de	73	T9
Alcântara Tv. de	73	T9
Alcolena R. de	69	U3-U4
Aldo Moro R.	7	D10
Alecrim R. do	76	T14-S15
Alecrim Tv do (Bairro Alto)	76	T14N-T15N
Alecrim Tv do (Ajuda)	71	U7
Alegria Pr. a	64	P14
Alegria R. da	76	R14-P14
Alegria Tv.	10	D14
Alexandre Braga R.	52	M15
Alexandre Cabral R.	7	C10
Alexandre de Gusmão R.	49	L10
Alexandre de Sá Pinto R.	71	U6-V6
Alexandre Ferreira R.	8	A11-B12
Alexandre Fleming R.	21	F10
Alexandre Herculano R.	51	P13-N14
Alexandre O'Neil R.	71	V7

Nome	Planta n°	Quadrícula
Alexandre Rey Colaço R.	25	G16
Alexandre Vieira R.	59	S6
Alfândega R. da	78	S16
Alfenim Az. do	28	G20-G21
Alferes Barrilaro Ruas R.	13	A19-B19
Alferes Carvalho Pereira R.	13	C20
Alferes Francisco Duarte L.	53	L17
Alferes Malheiro R.	25	E16
Alferes Mota da Costa R.	13	C19-C20
Alferes Santos Sasso R.	13	C20
Alfinetes Az. dos	42	J20-K20
Alfredo Cortês R.	38	H14
Alfredo da Silva R.	71	U6-U7
Alfredo Duarte Marceneiro R.	41	J19
Alfredo Ferraz R.	6	D9
Alfredo Guisado R.	34	H8
Alfredo Keil Jardim de	64	P14
Alfredo Pimenta R.	31	H4
Alfredo Roque Gameiro R.	37	H12
Alfredo Soares R.	57	S4
Alfredo Trindade R.	8	D11-E12
Alfurja Bec. do = 31	78	S17N
Algarves Tv. dos	71	V6-V7
Aliança Operária R.	71	U7-T7
Alice Pestana R.	57	R4-P4
Aljube Pto. de	78	S16N
Almada Negreiros R.	28	E20-F20
Almada R. do	76	S14N
Almada Tv. do	77	S16
Almargem Pto. do = 64	78	S16S
Almargem Tv. do = 65	78	S16S
Almas Tv. das	62	S11
Almeida Brandão R.	63	S12-S13
Almeida e Sousa R.	62	R10-R12
Almirante Afonso Cerqueira R.	35	K10
Almirante Barroso R.	52	M14-L15
Almirante Campos Rodrigues R.	18	F4-F5
Almirante Gago Coutinho Av.	39	J16-E17
Almirante Pessanha R.	77	S15N
Almirante Reis Av.	53	P16-J16
Almotacé Bec. do = 39	78	S17N
Alqueidão R. do	8	B11-B12
Alto da Cova da Moura	74	T11-S11
Alto da Eira R. do	53	N17-N18
Alto de São João Parada do	54	M18
Alto do Carvalhão R.	50	N11
Alto do Duque R. do	68	U2-U3
Alto do Longo	76	R14N
Alto do Penalva	76	R14N
Alto do Pina	40	L17
Alto do Varejão	54	N18
Alto do Varejão Az. do	54	N18
Alto do Varejão Cam. do	54	N18-P18
Alto do Varejão Pct. do	54	N18-N19
Alto do Varejão Tv. do	54	N19
Alto dos Moinhos R. do	35	H9
Alvalade Pr. de	24	G14-G15
Álvaro Coutinho R.	53	N16
Álvaro de Andrade L.	42	H20
Álvaro de Santa Rita Vaz R.	40	K17
Álvaro Esteves R.	57	T4
Álvaro Fagundes R.	54	P18-N18
Álvaro Fernandes R.	68	V2-U3
Álvaro Machado R.	26	E17
Álvaro Pais Av.	37	H12-H14
Alves Gouveia R.	14	C20
Alves Paiva Fragoso R.	55	M19
Alves Redol R.	38	K15
Alves Torgo R. (Areeiro)	39	J16
Alves Torgo R. (Estefânia)	52	L16
Alviela R. do	67	P18
Alvisse Cadamosto R.	57	T4
Alvito Est. do	60	P8-R9
Alvito Parque Infantil do	60	P8
Alvito R. do	61	S9-T10
Amadeu de Sousa Cardoso R.	72	T8-U8
Amaro Bec. da	54	M19
Ameixiais Az. dos	22	F12
Ameixoeira Est. da	8	A11
Amélia Rey Colaço R.	18	G5
Amendoeira R. da	78	R16
Américo de Jesus Fernandes R.	14	C20-D20
Américo Durão R.	40	K17-J17
Américo Rosa de Guimarães L.	13	C19
Amilcar Cabral R.	9	D13-E13
Amoreira Tv. da	74	T11
Amoreiras Pr. das	50	N12-P13
Amoreiras R. das	50	N12-P13
Amoreiras R. das à Ajuda	70	U6
Amoreiras Tv. das (Estefânia)	52	L16
Amoreiras Tv. das (Rato)	51	P13
Amorim R.	42	J21
Amorosa Tv. da	54	N19
Amparo R. do	77	R15S
Ana de Castro Osório R.	19	F7-F8
Anchieta R.	77	S15S
Andaluz L. do	51	M14
Andaluz R. do	51	M14
Andrade Caminha Pr.	38	H14
Andrade Corvo R.	51	M14
Andrade R.	53	N16
André Brun R.	61	R10
André de Gouveia R.	8	A11
André de Melo e Castro R.	49	L10
André de Resende R.	33	H6
André Monteiro da Cruz R.	50	M11
André Valente Tv.	76	S14N
André Vidal de Negreiros R.	27	F19
Ângela Pinto R.	39	K16-L16
Angelina Vidal R.	53	N16-P17
Ângelo Frondoni R.	58	T5
Angola R. de	53	N16
Angra de Heroísmo R.	52	M15-M16
Anibal de Vasconcelos Esteves R.	49	L10
Aniceto do Rosário Pr.	53	M16-M17

Nome	Planta nº	Quadrícula
Anjos R. dos	52	**N16-P16**
Anjos Teixeira R.	20	**F9**
Antão Gonçalves R.	57	**S3-S4**
Antero de Figueiredo R.	39	**H15-H16**
Antero de Quental R.	52	**N16-P16**
Antónia Andrade R.	53	**N16**
Antonino e Sá R.	35	**H11**
António Albino Machado R.	21	**F10-G11**
António Andrade R.	39	**H16**
António Augusto de Aguiar Av.	37	**K13-M14**
António Cândido R.	51	**L13-L14**
António de Abreu R.	69	**V3**
António de Saldanha R.	57	**S3-U4**
António Enes R.	51	**L14**
António Feijó R.	35	**H9**
António Ferreira R.	38	**H14-H15**
António Janeiro R.	57	**R3**
António José de Almeida Av.	38	**K14-K16**
António Luís Inácio R.	53	**L17**
António Macedo R.	35	**J9-K9**
António Maria Baptista R.	53	**N17**
António Maria Cardoso R.	77	**T15-S15**
António Nobre Jardim R.	76	**R14**N
António Nobre R.	35	**H9**
António Patrício R.	24	**G14-G15**
António Pedro R.	52	**M16-L16**
António Pereira Carrilho R.	52	**L16**
António Pusich R.	24	**F14**
António Ramalho R.	24	**G15**
António Raposo Tavares R.	57	**T4**
António Sardinha Pr.	53	**N17**
António Saúde R.	33	**H7-H8**
António Serpa Av.	37	**J14**
António Stromp R.	9	**D12**
Anunciada L. da	77	**R15**N**-P15**S
Apóstolos Bec. dos	76	**T14**N
Aprígio Mafra R.	24	**F14-F15**
Aquaduto das Águas R.	49	**L10**
Aquiles Machado R.	40	**K17-K18**
Aquiles Monteverde R.	52	**L15-L16**
Aquilino Ribeiro R.	27	**F19-G19**
Araméiros R. dos = 80	78	**S16**S
Archeiros R. dos	58	**R5**
Arciprestes Bec. dos	76	**S14**S**-T14**N
Arco a Jesus Tv. do	76	**R14**S
Arco da Dona Rosa Esc. do	78	**R17**S
Arco da Graça R. do	77	**R15-R16**
Arco da Graça Tv. do	77	**R15**N**-R16**N
Arco da Torre R. do	69	**W3**
Arco da Torre Tv. do	69	**V3-W3**
Arco das Portas do Mar = 70	78	**S16**S
Arco do Carvalhão R. do	49	**P10-N11**
Arco do Cego R. do	38	**J15-K15**
Arco do Chafariz das Terras R. do	62	**S11**
Arco do Evaristo R. do	76	**R14**N
Arco do Marquês de Alegrete R. do	77	**R16**S
Arco Escuro Bec. do = 69	77	**S16**S

Nome	Planta nº	Quadrícula
Arco Grande de Cima	78	**R17**
Arco R. do (Estrela)	63	**R13-P13**
Arco R. do (Alcântara)	73	**T10**
Arcos de Jesus	78	**S16**S
Arcos R. dos	49	**L10**
Areeiro Az. do	22	**E11**
Argonautas R. dos	29	**F21-F22**
Aristides de Sousa Mendes R.	21	**E9**
Armada Pr. da	73	**T10**
Armador Az. do	41	**J19**
Armador Tv. do	59	**S6**
Armando de Lucena R.	59	**S6**
Armindo Rodrigues R.	7	**C10-C11**
Arnaldo Gama R.	39	**J15**
Arneiros Est. dos	18	**F5-F6**
Arneiros R. dos	18	**F5-G6**
Arrábida R. da	63	**P12**
Arrábida Tv. da	63	**P12**
Arriaga R.	74	**T11**
Arrochela Tv. da	63	**S13**
Arroios Cal. de	52	**L15-L16**
Arroios L. de	52	**L16**
Arroios R. de	52	**L16-M16**
Arsenal R. do	77	**T15**
Artilharia Um R. de	50	**M12-N13**
Artur de Paiva R.	53	**M17**
Artur Duarte R.	41	**J19-K19**
Artur Lamas R.	71	**U7-V7**
Artur Lamas Tv.	71	**U7**
Artur Portela Pr.	18	**G6**
Ary dos Santos R.	18	**F5**
Assunção R. da	77	**S15-S16**
Atafanas R. das	77	**R16**N
Atáfona L. da	77	**S16**N
Atafonas Bec. das = 53	78	**S17**N
Atafonas Tv. dos	74	**T12**
Ataíde R. do	76	**S14-S15**
Atalaia R. da	76	**R14**S**-S14**N
Atlantico Av. do	15	**B22-B23**
Augusta R.	77	**S15-S16**
Augusto Costa	18	**F5**
Augusto dos Santos R.	51	**L13**
Augusto Gil Jardim	77	**R15**N**-R17**N
Augusto Gil R.	38	**H15-J15**
Augusto Gomes Ferreira R.	59	**S6-T6**
Augusto José Vieira R.	53	**N17**
Augusto Machado R.	39	**K16**
Augusto Pina R.	20	**G8**
Augusto Rosa R.	78	**S16**
Aura Abranches R.	18	**F5-G5**
Aurea R.	77	**S15-T15**
Aurora de Castro R.	57	**R4**
Avelino Teixeira da Mota Av.	26	**E17-G18**
Aventureiros R. dos	29	**F22**
Aviador Plácido de Abreu R.	50	**N12**
Azedo Gneco R.	62	**P11-R11**
Azevedo Neves R.	36	**H11**
Azinhal Bec. do = 42	78	**S17**N

B

Nome	Planta nº	Quadrícula
B R. (Aeroporto de Lisboa-Portela)	12	**B17**
B R. (Paço do Lumiar)	7	**C9**
B R. (Marvila)	42	**J20**
B R. (Madre de Deus)	41	**L19-K19**
Bacalhoeiros R. dos	77	**S16S**
Bacelar e Silva R.	38	**K15**
Baden Powell Pr.	13	**C20**
Bairro América Esc. do	66	**P18**
Bairro Novo de Benfica	35	**J10**
Baixo da Penha Cam. de	53	**N17**
Baixo Horizonte R.	53	**L17**
Baixo Limpopo R. do	12	**C18**
Baixo R. de	53	**N17**
Baldaques R. dos	53	**L17**
Balneário R. do	10	**A14-A15**
Baltasar Cal. do	49	**N10**
Báltico Pas. do	29	**E21-D22**
Baluarte Tv. do	73	**T10**
Baptista Az. do	28	**G21**
Barão de Quintela L. do	76	**S14-S15**
Barão de Sabrosa R.	39	**J17-L17**
Barão do Monte Pedral R. do	54	**N18-P18**
Barão R. do	78	**S16-S17**
Barata Salgueiro R.	51	**P13-N14**
Barbadela Bec. da	77	**R16N**
Barbadinhos Cal. dos	53	**P17-P18**
Barbosa Cólen R.	39	**J15**
Barbosa du Bocage Av.	38	**K14-J15**
Barbosa Tv. do	50	**P12**
Barcal Sítio do	34	**K9-J9**
Barracas R. das	52	**N16**
Barrelas Bec. das = 61	78	**S17S**
Barroca Esc. da	77	**R15N**
Barroca R. da	76	**S14**
Barros Az. dos	21	**F10-G11**
Barros Queirós R.	77	**R15**
Bartolomeu da Costa R.	54	**P17-P18**
Bartolomeu de Gusmão R.	78	**S16**
Bartolomeu Dias R.	69	**V3-V4**
Bartolomeu Perestrelo R.	68	**U2**
Basílio Teles R.	36	**K11**
Batalha Bec. do	63	**P13-R13**
Beatas Bec. das	66	**P17**
Beatas R.das	66	**P17**
Beato R. do	42	**L20-L21**
Beguinhos Bec. dos	78	**R17S**
Beirolas Tv. de	15	**B21**
Bela Flor R. da	49	**N10**
Bela Vista Est. da	47	**M7-L9**
Bela Vista Parque da	26	**G17-H17**
Bela Vista Rot. da	40	**H18**
Bela Vista R. da (Bairro das Calvanas)	10	**D14**
Bela Vista R. da (Graça)	66	**P17-P18**
Bela Vista R. da (Lapa)	63	**S12**
Bela Vista Tv. da (Bairro das Calvanas)	10	**D14**
Bela Vista Tv. da (Lapa)	63	**S12**
Belém R. de	70	**V5**
Belo Bec. do = 54	78	**S17N**
Bempostinha Bec. da	52	**N15**
Bempostinha R. da	52	**N15-N16**
Beneficência R. da	37	**H12-K13**
Benfica Est. de	18	**G4-J10**
Benformoso Bec.	65	**P16**
Benformoso R. do	77	**R16-P16**
Benformoso São Marçal Bec. do	77	**P16S**
Benformoso Tv. do	65	**P16**
Bento da Rocha Cabral Cal.	51	**P13**
Bento Gonçalves R.	40	**H18**
Bento Mântua R.	42	**H20**
Berlim Av. de	12	**C17-C21**
Berna Av. de	37	**K13-J14**
Bernarda Ferreira de Lacerda R.	24	**G14**
Bernardino Ribeiro R.	52	**N14-M15**
Bernardino Costa R.	77	**T15**
Bernardino Machado Pr.	9	**C12-C13**
Bernardo de Passos R.	39	**J15**
Bernardo Lima R.	52	**M14-N14**
Bernardo Santareno R.	39	**J17**
Betesga R. da	77	**R15S**
Bica do Marquês R. da	71	**T6**
Bica do Sapato Bec. da	66	**R18**
Bica do Sapato R. da	66	**R18**
Bica dos Anjos Tv. da	53	**P16**
Bica Duarte Belo Cal. da	76	**S14S**
Bica Duarte Belo R. da	76	**S14S**
Bica Grande Cal. da	76	**T14N-S14S**
Bica Pequena Cal. da	76	**S14S**
Bica Tv. da	76	**S14S**
Bicha Bec. da = 40	78	**S17N**
Birbantes Bec. da	77	**R15N**
Boa Esperança Av. de	15	**B22-B23**
Boa Esperança R. da	9	**C14-D14**
Boa Hora Cal. da	71	**U7-V7**
Boa Hora L. da (Baixa)	77	**S15S**
Boa Hora L. da (Ajuda)	71	**U6-U7**
Boa Hora Tv. da (Bairro Alto)	76	**R14S**
Boa Hora Tv. da (Ajuda)	71	**U6**
Boavista Bec. da	76	**S13S**
Boavista R. da	76	**S13-S14**
Bom Pastor R. do	32	**J5**
Bombarda R. da	53	**P16**
Bombeiro Catana Ramos R.	50	**P11**
Bombeiros Av. dos	57	**S4-R5**
Bons Dias R. dos	46	**L5**
Boqueirão de Ferreiros R.	76	**T14-S14**
Boqueirão do Duro R.	76	**S13-T13**

Nome	Planta n°	Quadrícula

Borges Carneiro R.	63	**S12**
Borja R. do	62	**S10-S11**
Borralho Bec.	52	**N16**
Botânico da Ajuda Jardim	60	**S8**
Botânico Jardim (Bairro Alto)	64	**P14**
Botânico Jardim (Ajuda)	58	**T5-T6**
Botica Bec. da	35	**J9-H9**
Boto Machado Jardim	66	**R18**
Braamcamp Freire Jardim	52	**N15-P15**
Braamcamp Freire R.	54	**M18-N18**
Braamcamp R.	51	**P13-N13**
Branca de Gonta		
Colaço R.	24	**G14**
Brás Pacheco R.	39	**J15-K15**

Nome	Planta n°	Quadrícula

Brasil Av. do	24	**F13-E16**
Brasilia Av. de	68	**V1-T13**
Brito Aranha R.	38	**J15**
Broges Grainha R.	53	**N17**
Broma Az. do	41	**J19**
Brotero R.	70	**T6**
Brunos Tv. dos	74	**T11**
Bruxa Az. da	55	**L19-L20**
Buenos Aires R. de	62	**S11-S12**
Bugio Bec. do	78	**S16**S
Bulhão Pato Jardim	40	**L17**
Bulhão Pato R.	39	**H15**
Buraca Est. da	32	**H5-J5**
Buraca R. da	32	**J5**

C

C R. (Aeroporto de Lisboa-Portela)	12	**B17-C17**
C R. (Alvalade)	25	**E16**
C R. (Graça)	66	**P17-R17**
Cabeço das Rolas		
Parque do	29	**E21-E22**
Cabeço das Rolas R. do	29	**F21-E22**
Cabeço de Bola L. do	52	**N15-N16**
Cabo Floriano		
de Morais R.	71	**U6**
Cabo Manuel Leitão R. = 85	71	**U6**
Cabo R. do	62	**P12**
Cabo Tv. do	62	**P12**
Cabo Verde R. de	53	**N16-N17**
Cabra Cal. do	76	**R14**S
Cabral R. do	66	**P17**
Cabral Tv. do	76	**S14**S
Caetano Alberto R.	38	**K15**
Caetano Palha R.	76	**S13**S
Caetanos R. dos	76	**S14**N
Cais da Alfândega		
Velha R. do	71	**V6**
Cais da Alfândega		
Velha Tv. do	71	**V6**
Cais de Alcântara R. do	73	**U10-T10**
Cais de Santarém R. do	78	**S17**
Cais do Sodré	76	**T14-T15**
Cais do Tojo R. do	63	**T13**
Cais do Tojo Tv. do	76	**T13**N
Calado Tv. do	53	**M17**
Caldeira Bec. do	76	**S13**S
Caldeira Tv. do	76	**S14**S
Calhariz de Benfica		
Est. do	33	**J6-H7**
Calhariz L. do	76	**S14**N
Calhau Sítio do	35	**J9**
Calouste Gulbenkian Av.	49	**M10-K12**
Calouste Gulbenkian L.	35	**J9-J10**
Calvário L. do	73	**T9**
Calvário Tv. do	73	**T9**
Camara Pestana R.	65	**P15**

Câmara Reis R.	15	**B21**
Camilo Castelo Branco R.	51	**N14**
Camilo Pessanha R.	24	**F14**
Caminhos de Ferro L. dos	66	**R18**
Caminhos de Ferro R. dos	66	**R18**
Campo de Ourique R. de	50	**P11-P12**
Campo de Ourique Tv de	49	**P11**
Campo Grande	23	**E13-H14**
Campolide R. de	36	**K11-N11**
Canas Bec. das = 36	78	**S17**N
Canastras R. das	78	**S16**S
Cândido de Figueiredo R.	35	**H9**
Cândido de Oliveira R.	14	**D20**
Cândido Guerreiro R.	39	**J15**
Cantário Pas. do	15	**C22-B22**
Cantina Escolar L. da = 73	78	**S17**N
Cantinho L. do	59	**S6**
Capela R. da	49	**M10**
Capela Tv. da	49	**M10**
Capelão R. do	77	**R16**N
Capelo R.	77	**S15**S
Capitão Afonso Pala R.	73	**T10-S10**
Capitão Henrique Galvão R.	39	**K16-J16**
Capitão Humberto		
de Ataíde R.	54	**P18**
Capitão José Soares		
da Encarnação R.	54	**P18**
Capitão Leitão R.	42	**K20-K21**
Capitão Ramires R.	38	**J15**
Capitão Renato Baptista R.	52	**P15-N16**
Capitão Roby R.	40	**K18-L18**
Capitão Santiago		
de Carvalho R.	13	**B19-C20**
Capitão-Mor Lopes		
Sequeira R.	16	**F20**
Capitão-Mor Pedro		
Teixeira R.	58	**T4-T5**
Capitão-Tenente Oliveira		
e Carmo R.	13	**B19**
Cara Tv. da	76	**R14**S

Nome	Planta n°	Quadrícula
Caracol da Graça	78	R16
Caramão Pr. do	58	R5
Cardal de São José R. do	52	P14-P15
Cardeal Cal. do	66	R18
Cardeal Cerejeira Alam.	50	M12-L13
Cardeal Mercier R.	37	J12
Cardosa Bec. da = 79.	78	S17N
Cardoso de Oliveira R.	39	K15
Cardoso Pto.	59	T7
Caribe R. do	15	D22
Caridade Bec. da = 71	78	S16S
Caridade R. da	52	P14-P15
Carlo Paggi Tv.	34	H9
Carlos Alberto da Mota Pinto R.	50	P12-N12
Carlos Botelho R.	41	K18-L18
Carlos Calisto R.	57	S4
Carlos da Maia R.	62	P11
Carlos de Oliveira R.	36	H11
Carlos de Seixas R.	25	G16
Carlos Ferrão R.	59	T7
Carlos Gantil R.	41	H19-H20
Carlos José Barreiros R.	52	L16
Carlos José Caldeira R.	54	L19
Carlos Lobo de Ávila R.	25	F16
Carlos Malheiro Dias R.	25	G15-F16
Carlos Mardel R.	39	L16-J16
Carlos Mayer R.	25	F15
Carlos Pereira R.	35	J9
Carlos Pinahao Av.	41	J18-J19
Carlos Reis R.	37	J12-J13
Carlos Ribeiro Pct.	53	M17
Carlos Ribeiro R.	53	M17
Carlos Selvagem L.	20	G8
Carlos Testa R.	51	L13
Carmelitas Az. das	20	E8
Carmo Cal. do	77	S15N-R15S
Carmo L. do	77	S15
Carmo R. do	77	S15
Carmo Tv. do	77	S15
Carneiro Bec. do	78	S17N
Carolina Ângelo R.	57	R4-P4
Carolina Michaelis de Vasconcelos R.	33	J6-H7
Carrascal Az. do	40	K18
Carrascal Cal. do	40	K18-L18
Carrasco Pto. do (Picheleira)	40	L18
Carrasco Pto. do (Alfama)	78	S16N-S17N
Carrasco R. do	76	S13S
Carrião R. do	52	P14-P15
Carrilho Videira R.	53	L17
Carvalhão Duarte R.	21	E10
Carvalho Araújo R.	39	L16-K16
Carvalho Tv. do	76	T14N
Casadinhos R. dos	46	L5
Casal Bec. do	50	P12
Casal da Raposa R. do	57	P4
Casal das Oliveiras Az. do	46	N6
Casal de Colares	61	S10
Casal de Santa Luzia	52	M15
Casal do Gil L. do	57	S4
Casal do Piuto	41	K18
Casal Ribeiro Av.	52	L14-L15
Casal Ventoso de Baixo	61	R10
Casal Ventoso de Cima	61	R10-P10
Casal Vistoso L.	39	J16
Casalinho da Ajuda R. do	59	S7
Casas Novas Pr. das	13	B19-C19
Cascais R.	73	U10-T10
Cascalheira R. da	73	T10
Cascão Cal. do	78	R17
Cascão Tv. do	20	E8
Caselas Est. de (Bairro de Caselas)	57	R3, R3-S3
Caselas Est. de (Bairro do Caramão)	58	S4-S5
Casimiro Freire R.	39	K17
Casquilha R. da	32	G4-H5
Cassiano Branco R.	26	F17-E18
Castelinhos R. dos	52	N15-N16
Castelo Bec. do	77	R16S
Castelo Branco Saraiva R.	53	N17-N18
Castelo Picão Cal. do	63	S12-T13
Castelo Picão R. do	78	S17N
Castiça R. da	8	A11
Castilho R.	50	M12-P14
Castro Tv. do	74	T10-T11
Catarina a Chelas Cal. de	54	L19
Cavaleiro de Oliveira R.	53	L16
Cavaleiros R. dos	77	R16
Cebolas Campo das	78	S16-S17
Cecília Meireles R.	34	J9
Cecílio de Sousa R.	63	R13-R14
Cego Tv. do	63	R13
Cegos R. dos	78	S16-R16
Celeste R.	50	N11
Cemitério L. do	58	S5
Centieira R. da	28	E21
Central R.	10	D14
Centro Cultural R. do	24	F14
Centro Pto. do	50	P11
Cerejais Az. dos	6	D7-D8
Cerejeiras Az. das	6	C7-D8
Cervantes R.	39	J16
César de Oliveira R.	7	C10
César Nogueira R.	59	S6
Cesário Verde R.	53	M17
Cesteiros Cal. dos	66	R18
Ceuta Av. de	61	T10-N10
Chaby Pinheiro R.	38	H14-J14
Chafariz das Terras Tv. do	62	S11-T11
Chafariz de Dentro L. do	78	S17
Chafariz de El-Rei Tv. do	78	S17S
Chafariz Tv. do	59	S6-S7
Chagas R. das	76	S14
Chaminés d'El Rei R.	58	R5-S5
Chão da Feira R. do	78	S16
Chão da Feira Tv. do	78	S16N
Chão do Loureiro L. do	77	S16
Chão do Loureiro Tv. do	77	S16N
Chelas Est. de	41	K19-N19
Chelas L. de	41	K19

Nome	Planta nº	Quadrícula

Nome	Planta nº	Quadrícula
Chiado L. do	77	S15
Chianca de Garcia R.	41	J19
Chibuto R. do	28	E20
Chile Pr. do	53	L16
Chinde Pr. de	12	C18
Chinquilho Pct. do	71	U7
Cidadão João Gonçalves Tv.	52	P16
Cidade Az.	8	B12-A12
Cidade da Beira R.	12	C18-D18
Cidade da Horta R.	52	L15
Cidade da Praia R.	27	E18-E19
Cidade de Bafatá R.	27	E18
Cidade de Benguela R.	13	D19-D20
Cidade de Bissau R.	13	D19-E20
Cidade de Bolama R.	13	D18-E19
Cidade de Cabinda R.	13	C19-C20
Cidade de Cacheu R.	17	G4
Cidade de Cádis R.	21	F9
Cidade de Cardiff R.	53	M16
Cidade de Carmona R.	13	D19
Cidade de Dili Pr. de	27	E19
Cidade de Gabela R.	13	C19
Cidade de Inhambane R.	12	D17
Cidade de João Belo R.	12	D18
Cidade de Liverpool R.	53	M16
Cidade de Lobito R.	13	D19
Cidade de Lourenço Marques Av.	13	C18-D18
Cidade de Luanda Av.	13	C20-E20
Cidade de Malange R.	13	D19
Cidade de Manchester R.	53	M16
Cidade de Margão R.	27	E19
Cidade de Moçâmedes R.	13	D19
Cidade de Nampula R.	12	D18
Cidade de Négage R.	13	C19-D19
Cidade de Nova Lisboa R.	13	D19-D20
Cidade de Novo Redondo R.	13	D19
Cidade de Porto Alexandre R.	13	D19
Cidade de Porto Amélia R.	12	D18
Cidade de Quelimane R.	12	D18
Cidade de Rabat R.	34	H9
Cidade de Salazar Pr.	13	D19
Cidade de São Salvador Pr.	13	D19
Cidade de Tete R.	12	D17-D18
Cidade de Vila Cabral R.	12	D18
Cidade do Luso Pr.	13	D19
Cidade de Porto Av.	12	C18-A18
Cidade do Porto Av.	12	D17-A18
Cima de Chelas R. de	41	K19
Cima dos Quarteis Tv. de	62	P11-P12
Cima R. de	53	N17
Cinco de Outubro Av.	37	G13-L14
Cintura do Porto R.	43	J22-G22
Cipriano Douardo R.	23	E12
Cipriano Martins R.	25	G16
Circular Norte do Bairro da Encarnação	13	A18-A19
Circular Sul do Bairro da Encarnação	13	B19-C19
Circunvalação Est. da (Bairro da Encarnaçao)	14	A20-B21
Circunvalação Est. da (Bairro Padre Cruz)	5	D6-B8
Circunvalação Est. da (Bairro do Charquinho)	18	F4-E6
Circunvalação Est. da (Bairro da Boavista)	46	M4-N4
Circunvalação Est. da (Restelo)	68	U1
Ciriaco Cardoso R.	59	S7
Cláudio Nunes R.	18	F5-G5
Clérigos Bec. dos	78	S17N
Clube Atlético e Recreativo do Caramão R.	58	R5-S5
Coelho da Rocha R.	62	R10-R12
Colégio de São José R. do	57	S3
Colégio Militar Av. do	19	G7-E8
Colégio Pto. do	78	R16N
Colégio Tv. do	77	R15N
Columbano Bordalo Pinheiro Av.	36	J11-K12
Comandante Assis Camilo R.	71	T6-U6
Comandante Augusto Cardoso R.	31	G4-H4
Comandante Avintes Tv.	78	R17
Comandante Cousteau R.	15	A22-A23
Comandante Freitas da Silva R.	71	T6-U6
Comandante Nunes da Silva R.	71	T6-U6
Combatentes Av. dos	36	G11-J12
Combro Cal. do	76	S14
Combro Tv. do	62	S12
Comendadeiras de Santos Pto. das	54	P19
Comércio Pr. do	77	T15-T16
Comércio R. do	77	T15-S16
Comunidades Portuguesas Alam. das	12	D17-C17
Conceição da Glória R. da	76	R14-P14
Conceição R. da	77	S15-S16
Conceição Tv. da (Bairro Alto)	76	R14S
Conceição Tv. de (Lapa)	62	S11
Conceição Tv. da	76	R14
Conchas L. das	41	K19
Conde Barão L. do	63	S13
Conde da Ponte Tv. do	72	U9
Conde da Ribeira Tv. do	72	U8
Conde das Antas R.	50	M11
Conde de Almoster R.	34	J7-J9
Conde de Arnoso R.	25	F16
Conde de Bonfim L. do	34	H8-H9
Conde de Ficalho R.	25	F16
Conde de Monsaraz R. do	53	M17
Conde de Nova Goa R.	50	L11
Conde de Ottolini L. do	35	J9

Nome	Planta n°	Quadrícula
Conde de Penafiel Cal. do	77	S16N
Conde de Pombeiro Cal. do	52	N16
Conde de Pombeiro L. do	52	N15-N16
Conde de Redondo R.	52	N14-M15
Conde de Sabugosa R.	38	H15
Conde de Soure Tv. do	64	P14
Conde de Tomar R.	17	H3
Conde de Valbom Av.	37	K13-K14
Conde R. do	74	T12
Condes de Monsanto R. dos	77	R16S
Condes R. dos	77	R15N
Condessa do Rio Tv. da	76	S14
Condessa R. da	77	R15-S15
Conselheiro Arantes Pedroso R.	52	P15
Conselheiro Barjona de Freitas Av.	34	H8
Conselheiro Emídio Navarro R.	27	F18-F19
Conselheiro Fernando de Sousa Av.	50	M12-N12
Conselheiro José Silvestre Ribeiro R.	20	E8
Conselheiro Lopo Vaz R.	14	C21
Conselheiro Marioano de Carvalho R.	14	C20-C21
Conselheiro Martins de Carvalho R.	58	T5
Conselheiro Teles de Vasconcelos R. do	14	C20
Constantino Fernandes R.	25	F15
Constantino Jardim	52	L15-M16
Contador-Mor L. do	78	S16
Contra-Almirante Armando Ferraz R.	13	C20
Contrabandistas Bec. = 82	73	T10
Contrabandistas R. = 81	73	T10
Convento da Encarnação L. do	77	R15
Convento da Encarnação R. do	77	R15N
Convento da Encarnação Tv. do	77	R15N
Convento das Bernardas Tv. do	75	T12
Convento de Jesus Tv. do	76	S13N-S14N
Cordeiro de Sousa R.	38	H14
Cordeiro Ferreira R.	8	B12
Cordoeiros R. dos (Bairro Alto)	76	S14
Cordoeiros R. dos (Pedrouços)	68	V2-W2
Coronel Bento Roma R.	39	H15-H16
Coronel Campos Gonzaga R.	17	G4
Coronel Eduardo Galhardo Av.	53	M17
Coronel Ferreira do Amaral R.	40	K17-L17
Coronel Luna de Oliveira R.	39	K17
Coronel Marques Leitão R.	25	F15
Coronel Mata Pereira L.	55	M19
Coronel Pereira da Silva R.	71	U6-T6
Coronel Ribeiro Viana R.	62	R11-S11
Coronel Santos Pedroso R.	19	F6
Coronel Vasconcelos Dias L.	55	L19
Corpo Santo L. do	77	T15
Corpo Santo R. do	77	T15N
Corpo Santo Tv. do	77	T15N
Corredor da Torrinha	74	T12
Correeiros R. dos	77	R15-S16
Correia Garção R.	63	S13
Correia Teles R.	62	P10-P11
Correio Velho Cal. do	77	S16S
Correnteza de Baixo R. = 83	73	T10
Correnteza R. da	70	U5
Correnteza Tv. da	70	U5
Cortes Reais R. das	66	P18
Cortumes Bec. dos = 58	78	S17N
Corvinha Bec. da = 34	78	S17N
Corvos R. dos	78	S17N-R17S
Costa Cam. da	15	D22-E22
Costa do Castelo	77	R16-S16
Costa Goodol Fim R.	38	K15
Costa Pimenta R.	61	P10
Costa R. da	73	T10-S10
Costa Tv. da	73	T10-S10
Cotovelo R. do	49	M10
Cotovelo Tv. do	77	T15N
Courelas Tv. das	14	C20
Cova da Moura R. da	74	T10-T11
Cova da Moura Tv. da	74	T10-T11
Cova da Onça Az. da	5	D7
Cozinha Económica R. da	73	T9-U9
Cozinhas R. das	78	R16S
Cristóvão Aires L.	39	H16
Cristóvão de Figueiredo R.	37	H12
Cristóvão Falcão R.	40	K17
Cristóvão Rodrigues Acenheiro R.	59	T7
Crucifixo R. do	77	S15
Cruz Bec. da	76	S13N
Cruz Cal. da	57	S4
Cruz da Carreira R. da	52	N15
Cruz da Era L. da	18	G6
Cruz da Era Tv. da	18	G6
Cruz da Pedra Cal. da	54	P19-N19
Cruz da Rocha Tv. da	74	T11
Cruz de Santa Apolónia R.	66	R18-P18
Cruz de Santa Helena R.	78	R17S
Cruz de Soure Tv. da	76	R14S
Cruz do Deserto Tv. da	52	P15
Cruz do Torel Tv. da	64	P15
Cruz dos Anjos Tv. da	53	P16
Cruz dos Poiais R. da	76	S13N-R13S
Cruz Est. da	58	S4-S5
Cruz Pto. da	78	S17S
Cruz R. da (Bairro de Caselas)	57	R3-R4
Cruz R. da (Alcântara)	61	S9-T10
Cruz Vermelha R. da	37	H13
Cruzeiro R. do	59	S6-T7
Cruzes da Sé	78	S16
Cura R. do	75	T12
Curvo Semedo L. de	32	J6
Custódio Vieira R.	50	P12

D

Nome	Planta n°	Quadrícula
D R. (Aeroporto de Lisboa-Porto)	12	**B17**
D R. (Alvadale)	25	**E16**
D. Manuel Pr. de	15	**B22**
Dálias R. das	46	**L5**
Damão Pr. de	69	**V3**
Damas R. das	78	**S16**
Damasceno Monteiro Esc.	53	**P16**
Damasceno Monteiro R.	53	**N16-P17**
David de Sousa R.	38	**H15-J15**
David Leandro da Silva Pr.	42	**J21**
David Lopes R. de	54	**M18**
David Melgueiro R.	69	**V3**
Defensores de Chaves Av. dos	38	**J14-L15**
Descobertas Av. das	57	**T3-P4**
Desembargador Tv. do	71	**U6**
Desidério Bessa R.	39	**K15**
Despacho Tv. do	51	**N14**
Desterro Cal. do	52	**P16**
Desterro R. do	52	**P16**
Desterro Tv. do	52	**P16**
Desvio Est. do	8	**A11**
Diário de Notícias R.	76	**R14S-S14N**
Dinah Silveira de Queiroz R.	41	**J19-K19**
Dinis Dias R.	69	**V3**
Dio Pr. de	69	**V4**
Diogo Afonso R.	58	**T5**
Diogo Bernardes R.	38	**H14**
Diogo Cão R.	71	**U7**
Diogo de Azambuja R.	69	**V3**
Diogo de Macedo R.	37	**H12-H13**
Diogo de Mendonça Corte-Real R.	49	**L10**
Diogo de Silves R.	57	**T4-S4**
Diogo de Teive R.	57	**T4**
Diogo do Couto R.	66	**R18**
Diogo Gomes R.	69	**V3**
Direita de Marvila R.	42	**J21**
Direita de Palma R.	21	**H10-H11**
Direita R. (Poço do Lumiar)	7	**B10**
Direita R. (Bairro das Calvanas)	10	**D14**
Dom Afonso Henriques Alam.	39	**K16-K17**
Dom Afonso Henriques R.	6	**B7-B8**
Dom Afonso III Av.	54	**M18-N19**
Dom Alberto Bramão R.	24	**G15**
Dom Aleixo Corte-Real R.	27	**E19**
Dom Antão de Almada R.	77	**R15S**
Dom Brás Tv.	74	**T12**
Dom Carlos de Mascarenhas R.	50	**N11-M12**
Dom Carlos I Av.	63	**S13-T13**
Dom Constantino de Bragança R.	69	**T3-U3**
Dom Cristóvão da Gama R.	68	**U2-V3**
Dom Dinis R.	63	**P12**
Dom Domingos Jardo R.	54	**M18-M19**
Dom Duarte R.	77	**R15S**
Dom Fernando de Mascarenhas R.	35	**K9**
Dom Fradique Pto.	78	**S16N**
Dom Francisco d'Eça R.	55	**M19-L19**
Dom Francisco de Almeida R.	69	**U3-U4**
Dom Francisco de Sousa Coutinho R.	39	**H16**
Dom Francisco Manuel de Melo R.	50	**M12**
Dom Fuas Roupinho R.	54	**N19**
Dom Gastão Cal. de	55	**M20**
Dom Gastão Esc. de	55	**M20**
Dom Jerónimo Osório R.	68	**U1-V2**
Dom João da Câmara Pr.	77	**R15**
Dom João da Silva R.	69	**V3**
Dom João de Castro R.	59	**T7**
Dom João de Castro Tv.	59	**T7**
Dom João II Av.	15	**E22-A22**
Dom João R.	5	**B7**
Dom João V R.	50	**P12-P13**
Dom José de Bragança R.	55	**L19-L20**
Dom Lourenço de Almeida R.	69	**U4-V4**
Dom Luís Coutinho R.	55	**L19-M19**
Dom Luís da Cunha R.	21	**F10-F11**
Dom Luís de Noronha R.	37	**J12-K13**
Dom Luís I Pr.	76	**T14**
Dom Luís I R.	63	**T13-T14**
Dom Manuel I Pr.	68	**V1**
Dom Pedro de Cristo R.	25	**G16**
Dom Pedro IV Pr.	77	**R15-S15**
Dom Pedro V R.	76	**R14**
Dom Pietro Cristo R.	25	**G16**
Dom Rodrigo da Cunha Av.	25	**F16**
Dom Tomás de Melo Breyner R.	41	**L19**
Dom Vasco da Gama Av.	68	**V2-U3**
Dom Vasco R. de	71	**T6-U6**
Dom Vasco Tv. de	71	**U6**
Domingos Bomtempo R.	25	**G16**
Domingos dos Reis Quita R.	39	**K17**
Domingos Monteiro R.	38	**H14**
Domingos Parente R.	26	**F18**
Domingos Sequeira R.	62	**R11-R12**
Domingos Tendeiro Bec.	70	**U5**
Domingos Tendeiro L.	70	**U5**
Domingos Tendeiro R.	70	**U5**
Domingos Tendeiro Tv.	70	**U5**
Dona Estefânia L. de	52	**L15**
Dona Estefânia R. de	52	**L15-N15**

Nome	Planta nº	Quadrícula
Dona Estefânia Tv. de	52	**M15**
Dona Filipa de Vihena R.	38	**K15**
Dona Maria Ana de Áustria R.	49	**L10**
Dondo R. do	27	**E20**
Dores Tv. das	71	**U7**
Douradores R. dos	77	**R15-S16**
Doutor Alfredo Bensaúde Av.	13	**A19-B20**
Doutor Alfredo Cunha Pr.	70	**U5**
Doutor Almeida Amaral R.	52	**N15**
Doutor Álvaro de Castro R.	37	**J12**
Doutor António Caetano de Sousa R.	18	**G6**
Doutor António de Sousa Macedo L. do	76	**S14N**
Doutor António Granjo R.	36	**K11**
Doutor António Martins R.	36	**K11**
Doutor António Ribeiro dos Santos R.	70	**T5**
Doutor António Viana L.	62	**P12**
Doutor Arlindo Vicente Av.	26	**G17-H18**
Doutor Augusto de Castro Av.	27	**F19-G19**
Doutor Bernardino António Gomes Pr.	66	**R18**
Doutor Costa Sacadura R.	28	**E20-D20**
Doutor Cunha Seixas R.	17	**G4**
Doutor Eduardo Neves R.	37	**J14**
Doutor Estêvão de Vasconcelos R.	42	**H21**
Doutor Faria de Vasconcelos R.	41	**K18**
Doutor Fernando Amado Pr.	41	**H19**
Doutor Figueiredo R.	18	**G5**
Doutor Francisco Luis Gomes Av.	13	**C19-C20**
Doutor Gama Barros R.	39	**H15-H16**
Doutor Gregório Rodrigues Fernandes R.	34	**H8**
Doutor Henrique Martins Gomes R.	8	**B12**
Doutor Inácio Pardelhas Sanchez R.	49	**M10-L10**
Doutor João Couto R.	19	**G7**
Doutor João de Barros R.	18	**G6-F6**
Doutor João Soares R.	23	**F12, G13**
Doutor Joaquim Manso R.	19	**F6**
Doutor José Alberto Faria R.	32	**H5**
Doutor José Baptista de Sousa R.	19	**G6-G7**
Doutor José de Figueiredo L.	74	**T12**
Doutor José Espírito Santo R.	28	**F19-G21**
Doutor José Saraiva R.	13	**A18-A19**
Doutor Júlio Dantas R.	37	**L12-K12**
Doutor Lacerda de Almeida R.	53	**M17**
Doutor Luís de Almeida e Albuquerque R.	76	**S14S**
Doutor Manuel Espírito Santo R.	41	**L19-K19**
Doutor Mário Moutinho Av.	57	**S4**
Doutor Mascarenhas de Melo R.	35	**J9**
Doutor Nicolau de Bettencourt R.	37	**K13-L13**
Doutor Nuno Pinheiro Torres Pct.	19	**G7-H7**
Doutor Oliveira Ramos R.	53	**L17**
Doutor Oliveira Salazar L.	22	**G11**
Doutor Pereira Bernardes R.	19	**G6**
Doutor Rafael Doque R.	19	**G6**
Doutor Rodrigo de Sousa R.	71	**U6**
Doutor Rui Gomes de Oliveira R.	14	**B21**
Doutor Silva Teles R.	37	**K13**
Doutor Teixeira de Aragão Pr.	33	**H6**
Doutor Teófilo Braga R.	63	**S12-R12**
Doviçoso Bec.	71	**U6**
Duarte Galvão R.	35	**J9-H10**
Duarte Lobo R.	25	**F16-G16**
Duarte Lopes R.	27	**F19**
Duarte Pacheco Pereira R.	68	**V2-U3**
Ducla Sorres Jardim	69	**U3**
Duque Cal. do	77	**S15N-R15S**
Duque de Ávila Av.	38	**L13-L15**
Duque de Cadaval L. do	77	**R15S**
Duque de Lafões Cal. do	55	**L20**
Duque de Loulé Av.	51	**N14-M14**
Duque de Palmela R.	51	**N13-N14**
Duque de Saldanha Pr.	52	**L14**
Duque de Terceira Pr.	76	**T14-T15**
Duque R. do	77	**R15S-S15N**
Duques de Bragança R. dos	77	**T15N-S15S**

E

Nome	Planta n°	Quadrícula
E R. (Alvadale)	25	E16
Eça de Queirós R.	51	M14-N14
Edison R.	39	J15
Edith Cável R.	53	L16
Eduardo Bairrada R.	59	S6-T7
Eduardo Brazão R.	53	L16
Eduardo Coelho R.	63	R13-R14
Eduardo Costa R.	53	N17-M17
Eduardo de Noronha R.	25	G16-F16
Eduardo Fernandes R.	39	K15
Eduardo Mondlane Pr.	41	J19
Eduardo Schwalbach R.	17	H4-G4
Eduardo Viana R.	19	E7
Eduardo Vidal R.	24	G14
Eduardo VII Parque	51	L13-N13
Egas Moniz R.	39	K16-K17
Eiffel R.	38	K15
Elias Garcia Av.	38	K13-K15
Elvira Velez R.	19	F6
Embaixador Martins Janeira R.	9	D13
Embaixador R. do	71	V6
Embaixador Teixeira de Sampaio R.	74	T10-T11
Emenda R. da	76	S14
Emília das Neves R.	18	G5
Emília Eduarda R.	40	L17-K17
Encarnação Alam. da	12	C18-B19
Enfermaria Bec. da	71	V6
Enfermeiras da Grande Guerra R. das	53	N17
Engenheiro António Maria de Avelar R.	59	T7
Engenheiro Arantes e Oliveira Av.	40	K17-K18
Engenheiro Canto Resende R.	51	L13
Engenheiro Cunha Leal R.	41	H19-H20
Engenheiro Duarte Pacheco Av.	49	N10-N12
Engenheiro Ferreira de Mesquita R.	49	L11-M11
Engenheiro Ferreira Dias R.	27	F18-G19
Engenheiro Maciel Chaves R.	40	K17-K18
Engenheiro Manuel Rocha R.	25	E15-E16
Engenheiro Miguel Pais Cal.	76	R13N
Engenheiro Nobre Guedes R.	32	H5
Engenheiro Paulo de Barros R.	32	H5
Engenheiro Rodrigues de Carvalho R.	27	F19
Engenheiro Santos Simões R.	40	K17-L17
Engenheiro Vieira da Silva R.	52	L14-M14
Entrecampos R. de	38	H14-J14
Entremuros do Mirante R. de	66	R17-P18
Enviado de Inglaterra Tv. do	51	N14
Epifânio Dias R.	25	G16
Ernesto Costa R.	8	C11
Ernesto da Silva L.	18	G6
Ernesto da Silva R.	18	G5
Ernesto de Vasconcelos R.	23	F12-F13
Ernesto Silva Cal.	59	T7
Escaleres Tv. dos	71	V7
Escola Araújo Tv. da	52	M15
Escola da Edução Popular R. da	49	L10
Escola de Medicina Veterinária R.	52	M15
Escola do Exército R. da	52	M15-N15
Escola Municipal L. da	52	P15
Escola Pas. da	15	A22
Escola Politécnica R. da	63	P13-R13
Escolas Gerais Esc. das = 27	78	S17N
Escolas Gerais R. das	78	R17-S17
Escolas L. das	70	V5
Escolas R. das	13	A18-B18
Escura Az.	6	C8
Espanha Pr. de	37	K12
Espera Tv. da	76	S14N-S15N
Esperança do Cardal R. da	52	P14-P15
Esperança R. da	75	T12-S13
Espírito Santo Bec. do = 57	78	S17N
Espírito Santo R. do	78	R16S-S16N
Espírito Santo Tv. do	36	J11
Esplanada do Castelo	78	S16N
Esquerda R.	7	B10
Estação Cal. da	49	M11-L11
Estação Fluvial de Belém R. da	71	V6
Estácio da Veiga R.	53	M17
Estados Unidos da América Av. dos	38	H14-G20
Estalagem Pto. da	50	P11
Estêvão Pinto Bec. de	50	L12
Estêvão Pinto Tv.	50	L12
Estrangeira de Cima Est. da	60	P8-R9
Estrela Cal. da	63	R12-S13

Nome	Planta nº	Quadrícula
Estrela Jardim da	63	**R12**
Estrela Pr. da	62	**R12**
Estrela R. da	62	**R12**
Eucaliptos R. dos	12	**A18-C18**
Eugénio de Castro Rodrigues R.	25	**E15-E16**

Nome	Planta nº	Quadrícula
Eugénio de Castro R.	24	**F14**
Eugénio dos Santos R.	51	**M13**
Eugénio Salvador R.	6	**C9**
Eurico Berlinguer R.	7	**D10**

F

Nome	Planta nº	Quadrícula
F R. (Alvalade)	25	**E16**
F R. (Marvila)	42	**K20-J20**
Fábrica da Pólvora R. da	61	**S9-S10**
Fábrica das Sedas Tv.	51	**N13**
Fábrica do Material de Guerra R.	43	**J21**
Fábrica dos Pentes Tv. da	51	**N13**
Fala Só Tv. do	76	**R14-R15**
Falcão Trigoso R.	37	**J12**
Fanqueiros R. dos	77	**R16-S16**
Faria Costa Pr.	13	**A18**
Farinhas Bec. das = 5	77	**R16**S
Farinhas Esc. das = 4	77	**R16**S
Farinhas L. das	77	**R16**S
Farinhas R. das	77	**R16**
Faustino José Rodrigues R.	41	**L19**
Fausto Guedes Teixeira R.	24	**F14**
Fé R. da	52	**P15**
Febo Moniz R.	53	**N16**
Fegueteiro Pto. do	50	**P11**
Feio Terenas R.	53	**N17**
Feiteira Cam.	32	**H5**
Félix Bec.	52	**N16**
Félix Correia R.	34	**H8**
Fernandes Costa L.	39	**H16**
Fernandes da Fonseca R.	77	**R16**
Fernandes Tomás R.	76	**S13-S14**
Fernando Caldeira R.	24	**G14**
Fernando Lopez Graça R.	7	**C10**
Fernando Namora R.	21	**E9-E10**
Fernando Palha R.	42	**J21-H21**
Fernando Pedroso R.	38	**K15-J15**
Fernando Pessoa Av.	29	**F21-E22**
Fernando Pessoa R.	24	**G14**
Fernando Piteira Santos R.	5	**C7**
Fernando Teles da Silva R.	49	**L10**
Fernando Vaz R.	9	**C13-D13**
Fernão Álvares do Oriente R.	38	**H14**
Fernão de Magalhães R.	66	**P18**

Nome	Planta nº	Quadrícula
Fernão Gomes R.	69	**U3-U4**
Fernão Lopes de Castanheda R.	69	**U3**
Fernão Lopes R.	52	**L14**
Fernão Mendes Pinto R.	68	**V2-W3**
Fernão Penteado R.	68	**V3**
Fernão Soares R.	69	**U4**
Ferragial Cal. do	77	**T15**S
Ferragial Cal. do	77	**T15**
Ferragial de Baixo R. do	77	**T15**N
Ferragial Tv. do	77	**T15**S
Ferreio Tv. do	62	**S11-T11**
Ferreira Borges R.	62	**P11-R11**
Ferreira Chaves R. (Bairro do Alto da Serafina)	49	**L10**
Ferreira Chaves R. (campolide)	50	**M11**
Ferreira da Silva R,	39	**K16-L16**
Ferreira de Castro R.	26	**F17-G18**
Ferreira Lapa R.	52	**M14-N15**
Ferreiros R. dos (Estrela)	63	**S12-R12**
Ferreiros R. dos (Bairro Alto)	76	**S14**S
Ferreiros Tv. dos (Madragoa)	62	**S12**
Ferreiros Tv. dos (Belém)	70	**V5**
Ferro Velho Pto. do	54	**L18**
Ferrugenta Bec. da	59	**T7**
Ferrugenta Tv. da	59	**T7**
Fialho de Almeida R.	50	**L12-L13**
Fiandeiras Tv. das	59	**T7-S7**
Fidié R. do	23	**E13-F15**
Fiéis de Deus Tv. dos	76	**S14**N-**S15**N
Figueira Cal. da = 33	78	**S17**N
Figueira Pr. da	77	**R15**
Figueiredo R. do	70	**U5**
Figueiredo Tv. do	70	**U5**
Filinto Elísio R.	72	**U8-T8**
Filipe da Mata R.	37	**J12**
Filipe de Magalhães R.	25	**G16**
Filipe Duarte R.	22	**E11-F11**
Filipe Folque R.	51	**L13-L14**
Flor da Serra R.	35	**K9**
Florbela Espanca R.	24	**G14**
Flores Bec. das = 6	77	**R16**S
Flores de Santa Cruz R. das	78	**R16**S
Flores do Lima R.	24	**H14**
Flores Pr. das	63	**R13**

Nome	Planta nº	Quadrícula
Flores R. das	76	T14-S14
Flores Tv. das	78	R17
Florindas Tv. das	59	T6-T7
Fogueteiro Bec. do	50	P11
Fonseca Benevides R.	59	S7
Fonsecas L. da	22	G11
Fontainhas Bec.	73	T10
Fontainhas de São Lourenço R. das = 1	77	R16S
Fontainhas de São Lourenço Tv. das = 2	77	R16S
Fontainhas L. das	73	T9
Fontainhas R. das	73	T9-T10
Fonte do Louro Az. da	40	H17-J17
Fonte R. da	20	E8
Fonte Velha Az. da	7	B9-B10
Fontes Pereira de Melo Av.	51	N14-L14
Forças Armadas Av. das	37	H12-H14
Formosa Bec. da = 38	78	S17N
Forno Bec. do	76	S14S
Forno da Galé Bec. do = 28	78	S17S
Forno do Castelo Bec. = 20	78	S16N
Forno do Maldonado Tv. do	53	P16
Forno do Sol Bec. do	66	P17
Forno do Tijolo R. do	53	N16
Forno do Torel Tv. do	65	P15
Forno dos Anjos Tv.	53	P16
Forno Tv. do	77	R15N
Fornos Tv. dos	59	T7
Forte Areia Tv. do	68	W2-V3
Forte Cal. do	66	R17-R18
Forte de Monsanto Est. do	47	L6-L7
Forte de Santa Apolónia R. do	54	N19
Forte do Alto do Duque Est. do	56	U2-S3
Forte Tv. do	52	P15
Fortunato São Boaventura R.	40	K18-L18
Frade Az. do	9	C12
Fradesso da Silveira R.	73	T9-T10
Fragoso Tv. do	55	M19
Francesinhas R. das	63	S13
Francisco Andrade R.	39	H16
Francisco Baia R.	21	F9
Francisco de Assis Rodrigues R.	50	M11
Francisco de Holanda R.	37	J12-J13
Francisco de Morais Pr.	38	H14
Francisco Franco R.	22	F16
Francisco Gentil Martins R.	35	J9-K11
Francisco Grandela R.	34	H8
Francisco Lázaro R.	52	N16
Francisco Lourenço da Fonseca R.	25	G16
Francisco Metrass R.	62	P11-R11
Francisco Miguel Duarte R.	35	K9
Francisco Pedro Curado R.	53	M17
Francisco Pereira de Sousa R.	35	H9
Francisco Resende Tv.	33	J6
Francisco Ribeiro R.	52	N16-M16
Francisco Rodrigues Lobo R.	50	N11
Francisco Sá Carneiro Pr.	39	J16
Francisco Sanches R.	53	M16-L16
Francisco Smith L.	19	E7
Francisco Stromp R.	9	D12-E12
Francisco Tomás da Costa R.	37	J12-J13
Franklin R.	66	P18
Fraternidade Operária R.	42	H21
Frederico George R.	7	C10-C11
Frederico Perry Vidal R.	40	K18
Frei Amador Arrais R.	38	H15
Frei Antonio Brandão R.	18	F5-F6
Frei Bartolomeu dos Mártires R.	59	T7
Frei Carlos R.	37	H12
Frei Francisco Foreiro R.	52	M16
Frei Heitor Pinto L.	25	F15
Frei Luís de Sousa L.	25	G16
Frei Manuel Cardoso R.	25	G16
Frei Manuel de Cenáculo R.	53	N17
Frei Miguel Contreiras Av.	39	H15-H16
Frei Tomé de Jesus R.	38	H14-H15
Freiras Az. das	19	E7-E8
Freiras Tv. das (Estefânia)	52	L16
Freiras Tv. das (Santa Apolonia)	66	R17-R18
Freitas Gazul R.	61	R10
Fresca R. (Campo de Ourique)	61	R10
Fresca R. (Bairro Alto)	63	S13
Frois Bec. dos	78	R16S
Funchal R. do	52	L15
Funil Bec. do = 23	78	R16S-R17S
Funil Tv. do	78	S16N
Furnas R. das	35	J10
Furriel Galrão Nogueira R.	13	C20
Furriel João Nunes Redondo R.	13	B20

G

Nome	Planta n°	Quadrícula
G R. (Olivais Norte)	14	**C21**
Gabarete R. do	57	**R3**
Gabriel Constante R.	26	**E18**
Gaivotas R. das	76	**S13**
Galé R. da	78	**S17***S*
Galé Tv. da	72	**U9-V9**
Galega Pto. da	76	**S14**
Galeotas Tv. das	71	**V7**
Galhardas Az. das	22	**E11-G11**
Galheta Bec. da	75	**T12**
Galinheiras Tv. das	70	**V5**
Galvão Cal. do	58	**S5-U5**
Galvão L. do	70	**U5**
Galvão R. do	70	**U5**
Galvão Tv. do	70	**U5**
Garcês Bec. do	78	**S17***N*
Garcia Cal. do	77	**R15***N*
Garcia de Horta R.	75	**T12**
Garcia R. do	50	**N11**
Garido Pto. do	49	**N10-N11**
Garrett R.	77	**S15**
Garridas Est. das (Benfica)	18	**G5-G6**
Garridas Est. das (Bairro de Santa Cruz)	32	**H5**
Garridas L. das	32	**H5**
Garridas R. das	32	**H6**
Garrido R. do	39	**K17**
Gaspar Corte-Real R.	68	**V2-U3**
Gaspar de Lemos R.	68	**U3**
Gaspar Trigo Tv.	77	**R15***N*
Gáveas R. das	76	**R14-S15**
General Domingos de Oliveira Pr.	73	**T10**
General Farinha Beirão R.	52	**M15**
General Garcia Rosado R.	52	**M15**
General Gomes de Araújo R.	74	**U10-U11**
General Henrique de Carvalho R.	20	**E8**
General João de Almeida R.	70	**U5-U6**
General Joaquim José Machado L.	34	**H8**
General José Celestino da Silva R.	21	**F9**
General José Paulo Fernandes R.	71	**U6**
General Justiniano Padrel R.	54	**P18**
General Leman R.	37	**J12**
General Massano de Amorim R.	70	**U6**
General Morais Sarmento R.	32	**H6**
General Norton de Matos Av.	33	**H6-E13**
General Pimenta de Castro R.	39	**H16**
General Roçadas Av.	53	**N17-M17**
General Schiappa Monteiro R.	21	**F10**
General Silva Freire R.	13	**A19-B19**
General Sousa Brandão L.	32	**J6**
General Taborda R.	50	**M11**
General Vicente de Freitas Pr.	34	**J9**
Gervásio Lobato R.	61	**R10**
Gibraltar Tv. do	61	**S9-S10**
Giestal R. do	71	**U7-U8**
Giestal Tv. do	71	**U7**
Gil Eanes R.	69	**U4**
Gil Vicente R.	72	**T8-U8**
Gilberto Rola R.	73	**T10**
Ginásio Clube Português Pr.	50	**N12-P12**
Ginestal Machado R.	21	**F10-G10**
Giovanni Antinori R.	59	**T7**
Glória Cal. da	76	**R14***S***-R15***S*
Glória R. da	76	**R14-R15**
Glória Tv. da	76	**R14**
Goa Pr. de	69	**U3**
Gomes da Silva R.	38	**J15-K15**
Gomes Freire R.	52	**M14-N15**
Gomes Leal R.	39	**K15**
Gomes Pereira Av.	33	**H6-G6**
Gonçalo de Sintra R.	57	**T4**
Gonçalo Nunes R.	57	**T4**
Gonçalo Trancoso Pr.	38	**H15**
Gonçalo Velho Cabral R.	57	**T3-T4**
Gonçalves Crespo R.	52	**M14-N15**
Gonçalves Viana R.	35	**J9-H9**
Gonçalves Zarco R.	70	**T5**
Gorgel do Amaral R.	50	**P12**
Graça Cal. da	78	**R16**
Graça L. da	66	**P17-R17**
Graça R. da	53	**P17**
Gralhas L. das = 7	77	**R16***S*
Granja Tv. da	19	**G7**
Grão Vasco Av.	18	**G5**
Gravato R. do	57	**R3**
Gregório Lopes R.	57	**S3-S4**
Grémio Lusitano R. do	76	**R14***S*
Grilo Bec. do	55	**L20-M20**
Grilo C. do	55	**L20-M20**
Grilo R. do	55	**M20-L20**
Grilo Tv. do	55	**L20-L21**
Gualdim Pais R.	54	**M19-N19**
Guarda José de Oliveira R.	71	**U6**
Guarda Nacional Republicana R. da	58	**S5**
Guarda Tv. da	72	**U8-V8**
Guarda-Jóias R. do	59	**T6-T7**
Guarda-Jóias Tv. do	59	**T6-T7**

Nome	Planta nº	Quadrícula
Guarda-Mor R. do	75	T12
Guedes Bec. do	78	S17S
Guerra Junqueiro Av.	39	K16
Guia Bec. da	77	R16N
Guia R. da	78	R16N
Guilherme Anjos R.	61	P10
Guilherme Braga R.	78	S17
Guilherme Coussul Tv.	76	S14S

Nome	Planta nº	Quadrícula
Guilherme de Azevedo R.	24	F14
Guilherme de Faria R.	24	G15
Guilhermina Suggia R.	39	H16
Guiné R. da	53	N16-M16
Guiomar Torresão R.	19	F7-E7
Gustavo de Matos Sequeira R. de	63	P13-R13

H

H R. (Olivais Norte)	14	C21
H1 R.	9	B13-C14
Helen Keller Av.	58	S4-S5
Helena de Aragão R.	32	H5
Helena Felix R.	37	H13
Heliodoro Salgado R.	53	N16-N17
Henrique Alves R.	37	K12-K13
Henrique Cardoso Tv.	38	H15
Henrique Lopes de Mendonça Jardim	52	M14-M15
Henrique Nogueira R.	77	T15N
Hera Bec. da = 12	78	R17S
Hera R. da	76	S14N
Hera Tv. da	76	S14N
Herculano Pimentel R.	6	C9
Hermano Neves R.	21	E10-F10

Heróis de Quionga R.	53	M16-L16
Hintze Ribeiro L.	63	P13
Honorato José Correia R.	49	L10
Horta da Cera Tv. da	51	P14
Horta das Canas Bec. da	54	N19
Horta e Silva R.	57	S4-R4
Horta Navia Tv. da	61	S10
Horta Seca R. da	76	S14S
Horta Tv. da	76	R14S
Hortas R. das	69	W3
Hospital da Marinha B.	66	R18
Hospital Tv. do	65	P16
Humberto da Cruz R.	39	J16

I

Ibo R. do	28	F20-E20
IC 17	56	U1-A7
IC 19	30	J1-J5
Igreja Adro do	18	G5
Igreja Av. da	24	G14-F15
Igreja L. da	50	M11
Igreja R. da (Bairro de Caselas)	57	R4
Igreja R. da (Bairro do Caramão)	58	R5
Ilha da Madeira Av. da	57	S4-U5
Ilha de São Tomé R. da	53	M16
Ilha do Faial Pr. da	52	L15
Ilha do Grilo R. da	55	M19-M20
Ilha do Grilo Tv. da	55	M20-L20
Ilha do Pico R. da	52	L15
Ilha do Príncipe R. da	53	M16
Ilha Terceira R. da	52	L15

Império Pr. do	70	V4-V5
Imprensa Nacional R. da	63	R13-P13
Imprensa R. da	63	R13-S13
Inácio de Sousa R.	34	J8-H9
India Av. da	68	V1-U10
India Bec. da (Anjos)	53	N16
India Bec. da (Socorro)	77	R15
India R. da	53	N16
Indico Av. do	15	C22
Indústria R. da	72	T8-T9
Industriais R. dos	63	S13
Indústrias Pr. das	72	V8
Infantaria Dezasseis R. de	62	P10-P12
Infante Dom Henrique Av.	65	T16-H21
Infante Dom Pedro R.	38	H14-H15
Infante Santo Av.	74	T11-R12
Inglês Pto. do	54	M19
Inglesinhas Tv. das	63	S13
Inglesinhos Tv. dos	76	S14N
Inocêncio Francisco da Silva R.	21	F9

Nome	Planta n°	Quadrícula
Instituto Bacteriológico R. do	65	**P15**
Instituto Dona Amélia R. do	76	**T14***N*
Instituto Industrial R. do	76	**S13-T13**
Instituto Virgílio Machado R. do	78	**S16-T16**
Intendente Pina Manique L. do	53	**P16**

Nome	Planta n°	Quadrícula
Irene Lisboa R.	17	**G4**
Irmãzinhas dos Pobres Tv.	50	**M11**
Isaac Rabin R.	7	**C10-B10**
Isabeis Tv. das	63	**S13-T13**
Isidoro Viana R.	38	**H14**
Ivens R.	77	**S15**
Ivone Silva R.	37	**J13**

J

Nome	Planta n°	Quadrícula
J R. (Alvalade)	25	**E16**
Jacinta Marto R.	52	**M15-M16**
Jacinto Nunes R.	53	**L16-M17**
Jaime Brasil R.	32	**H5**
Jaime Lopes Dias R.	8	**A11**
Janelas Verdes R. das	74	**T12**
Jardim Botânico R. do	58	**T5-T6**
Jardim do Regedor R. do	77	**R15***N*
Jardim do Tabaco R. do	78	**S17**
Jardim R. do	62	**R11-R12**
Jardim Tv. do	62	**R11**
Jasmim Bec. do = 15 (Socorro)	77	**R16***S*
Jasmim Bec. do (Socorro)	77	**R16***N*
Jasmim R. do	76	**R14**
Jasmim Tv. do	76	**R13***N*-**R14***N*
Jau R.	72	**U8-T8**
Jean Monnet L.	64	**P14**
Jeronimo Corte Real R.	38	**H15**
Jerónimos L. dos	70	**V5**
Jerónimos R. dos	70	**U5-V5**
Jerónimos Tv.	70	**V5**
Jesus L. de	76	**S13-S14**
João Afonso de Aveiro R.	69	**V3**
João Alves Bec.	59	**T7**
João Alves Tv.	59	**T7**
João Anastácio Rosa R.	63	**R12**
João Baptista Ribeiro R.	19	**F6**
João Bastos R.	69	**V4**
João Brás R.	76	**S13***S*-**S14***S*
João Carlos Simões Alves R.	70	**U5**
João Castro Osório R.	12	**A18**
João Coimbra R.	57	**T3-T4**
João Crisóstomo Av.	38	**K13-K15**
João Cristóvão R.	10	**D14**
João da Mota e Silva R.	49	**L10-M10**
João da Nova R.	68	**U2-U3**
João da Silva R.	39	**J17**
João das Regras R.	77	**R15***S*-**R16***S*
João de Azevedo Coutinho Pr.	53	**M17**
João de Barros R.	72	**T8**
João de Castilho R.	70	**U5-U6**
João de Deus Esc.	77	**S15***N*-**R15***S*

Nome	Planta n°	Quadrícula
João de Deus Ramos R.	25	**E16**
João de Deus R. de	62	**S12-R12**
João de Deus Tv.	77	**S15***N*
João de Freitas Branco R.	20	**F9-H9**
João de Jesus Tv.	74	**T11**
João de Lemos R.	72	**U8**
João de Lisboa R.	68	**V2-V3**
João de Meneses R.	39	**K17**
João de Oliveira Minguens R.	73	**T10**
João de Paiva R.	58	**T4-T5**
João de Santarém R.	68	**V2-U3**
João Dias R.	57	**T4-S4**
João do Nascimento Costa R.	40	**K17-L18**
João do Outeiro R.	77	**R16***N*
João do Rio Pr.	39	**K16**
João Fernandes Labrador R.	69	**U4-T4**
João Frederico Ludovice R.	18	**G4-G5**
João Graça Barreto R.	42	**H20**
João Hogan R.	20	**F9-G9**
João Lucio R.	23	**G14**
João Ortigão Ramos R.	18	**F5**
João Palma Ferreira R.	26	**G17-F17**
João Paulo II Av.	41	**J19-H20**
João Penha R.	51	**P13-N13**
João Pereira da Rosa R.	76	**S14***N*
João Pinto Ribeiro Av.	14	**B21-B22**
João Saraiva R.	24	**F15**
João Vaz L.	25	**E15-F15**
João Vaz Tv. de	52	**L15**
João Villaret R.	38	**H15**
João XXI Av.	38	**J15-J16**
Joaquim Agostinho R.	9	**D13**
Joaquim António de Aguiar R.	51	**N12-N13**
Joaquim Bonifácio R.	52	**M15**
Joaquim Casimiro R.	74	**T11**
Joaquim Costa R.	52	**L16**
Joaquim Paço d'Arcos R.	19	**G7-H7**
Joaquina R.	77	**R15***N*-**P15***S*
Jogo de Bola Az. do	7	**B10-D10**
Jogo da Bola Cal. do	77	**R15***N*-**R16***N*
Jogo de Bola L.	19	**E7**
Jogo da Bola R. do	20	**E7-E8**

Jogo da Bola Tv. do 19 **E7**
Joly Braga Santos R. 21 **H10-H11**
Jordão Tv. do 78 **R16**N
Jorge Afonso R. 37 **H12-J13**
Jorge Álvares R. 58 **T5**
Jorge Barradas R. 18 **F5-G5**
Jorge Castilho R. 39 **J17-K17**
Jorge Colaço R. 25 **E15**
Jorge de Sena R. 8 **A12**
Jorge Dias R. 58 **T5**
Jorge Ferreira de
Vasconcelos R. 38 **H14**
José Acúrcio das
Neves R. 39 **K16-K17**
José Afonso R. 35 **H10-H11**
José Agostinho de
Macedo Tv. 32 **J6**
José Agostinho R. 9 **D13**
José Alves R. 55 **M19**
José Anastácio
da Cunha R. 49 **L10**
José António Lopes R. 55 **M20**
José António Marques Esc. . . . 74 **T11-U11**
José António Pereira Tv. 74 **T12**
José António Serrano R. 77 **R16**
José Calheiros R. 57 **R3**
José Carlos dos Santos R. 38 **H14**
José d'Esaguy R. 24 **F15**
José da Bateira R. 54 **L19**
José da Purificação
Chaves R. 33 **H7**
José da Silva Pais R. 49 **L10**
José de Costa Pereira R. 9 **C13-D13**
José de Mello e Castro R. 9 **D13**
José Dias Coelho R. 73 **T9**
José do Patrocínio R. 42 **J20-J21**
José Domingos Barreiros R. 42 **K20-K21**
José dos Santos Pereira R. 33 **H7**
José Duro R. 24 **F15-G15**
José Escada R. 21 **E10**

José Estêvão R. 52 **L15-M15**
José Falcão R. 53 **L16**
José Fernandes Tv. 59 **T7**
José Fontana Pr. 52 **M14-M15**
José Galhardo R. 9 **D13-E13**
José Gomes Ferreira R. 50 **N11-P11**
José Leilote R. 55 **L19**
José Lins do Rego R. 24 **F14**
José Luís Monteiro R. 26 **F18-E18**
José Magro R. 59 **T7**
José Malhôa Av. 36 **K11-K12**
José Manuel Soares R. 70 **T5**
José Maria Prieto R. 58 **R4**
José Maria Rodrigues R. 72 **T8**
José Marinho R. 19 **G6-F6**
José Osório
de Oliveira R. 59 **T7**
José Pinheiro de Meio R. 39 **H15**
José Pinto Bastos R. 58 **S4-R5**
José Queirós Pr. 14 **B20-B21**
José Regio Av. 26 **F17-G17**
José Relvas R. 54 **L19-M19**
José Rodrigues
Migueis R. 19 **G7-H7**
José Sarmento R. 39 **J15**
José Sobral Cid R. 54 **N19**
José Vaz de
Carvalho Tv. de 52 **N15**
Josefa de Óbidos R. de 53 **P17**
Josefa Maria R. 53 **P17**
Judeu Tv. do 76 **S14**S
Judiaria R. da = 63 . . . . 78 **S17**S
Julião Quintinha R. 19 **G7**
Julieta Ferrão R. 37 **J13-H13**
Júlio César Machado R. 51 **P14**
Júlio de Andrade R. 52 **P15**
Júlio de Castilho L. 8 **B11**
Júlio Dinis Av. 38 **J14**
Júlio Vaz Júnior R. 31 **H4-H5**
Junqueira R. da 71 **V6-U8**

K - L

Keil do Amaral R. 26 **E17-E18**
L R. (Alvalade) 25 **E16**
Ladislau Patrício R. 9 **C12**
Ladislau Piçarra R. 38 **J15-K15**
Lagares de El'Rei
R. dos 39 **H16**
Lagares R. dos 65 **P16-R16**
Lagares Tv. dos 78 **R16**
Laje Bec. da = 8 . . . . 78 **R16**S**-R17**S
Lajes Az. das 8 **B11-C11**
Lajes Cal. das 54 **N18-P19**
Lameiros Az. dos 6 **B8-C9**
Lancastre Pto. do 76 **S14**S
Lapa Bec. da 78 **S17**

Lapa R. da 62 **S12**
Laranjal R. do 70 **T6**
Laranjeira Tv. da 76 **S14**S
Laranjeiras
Est. das 36 **H10-J12**
Laranjeiras
R. das 35 **H10-H11**
Larga Tv. 52 **P14**
Latino Coelho R. 51 **L13-L14**
Laura Alves R. 37 **J13-J14**
Lavra Cal. do 64 **P15**
Leandro Braga R. 50 **M11**
Leão Bec. do = 21 . . . . 78 **R16**S
Leão de Oliveira R. 73 **T9**

Nome	Planta n°	Quadrícula
Leão L. do	52	**L15-L16**
Légua da		
Póvoa Tv. da	50	**N12-N13**
Leitão de Barros R.	35	**J10**
Leite de Vasconcelos R.	66	**P17-P18**
Leonilla R.	43	**H21**
Leonor Pimentel R.	57	**R4-P4**
Leopoldo de		
Almeida R.	9	**B12**
Liberdade Av. da	64	**N14-R15**
Limoeiro R. do	78	**S16S-S17N**
Lingueta Cais da	78	**S17N**
Linhas de Torres		
Alam. das	8	**B12-E13**
Linheiras Tv. das	70	**V5**
Lino Ferreira R.	42	**H20**
Lino Helder R.	54	**L19**
Livramento Cal. do	73	**T10**
Livramento Tv. do	73	**T10**
Lóios Bec. dos	78	**R17S**
Lóios L. dos	78	**S16**
Lojistas R. dos	13	**A19-B19**
Londres R. de	39	**J15-J16**
Lopes de Mendonça R.	25	**F15**
Lopes R.	54	**M18-N18**
Lopo Infante R.	68	**U3**
Loreto R. do	76	**S14**
Loureiro Bec. de = 29	78	**S17N**
Loureiro R. do	78	**S17N**
Loureiro Tv. do	52	**N14**
Luciano Cordeiro R.	52	**M14-N15**
Luciano Freire R	37	**H12**
Lucília Simões R.	18	**G5**
Lucinda do Carmo R.	39	**K16**
Lucinda Simões R.	39	**L16-K16**
Lúcio de Azevedo R.	21	**F10**
Luís Alves Miguel L.	68	**V2-V3**
Luís Augusto		
Palmeirim R.	24	**F14-F15**
Luís Barbosa R.	41	**K19-L19**
Luís Bivar Av.	51	**L13-L14**
Luís Cadote R.	54	**L19-M19**
Luís Camões R. de	10	**D14**
Luís Castanho de Almeida R.	57	**T4**
Luís Chaves L.	8	**C12**
Luís Cristino da Silva R.	26	**F17-F18**
Luís de Camões Pr.	76	**S14-S15**
Luís de Camões R.	72	**T8-U9**
Luís de Freitas		
Branco R.	8	**B11-B12**
Luís de Sá R.	10	**A14**
Luís Derouet R.	62	**R11-P11**
Luís Gonzaga Pereira R.	41	**K18**
Luís Monteiro R.	53	**L17**
Luís Pastor de		
Macedo R.	9	**C12-C13**
Luís Pedroso Barros R.	57	**T4**
Luís Pinto Moitinho R.	53	**V16**
Luisa Neto Jorge R.	26	**G18**
Luisa Todi R.	76	**R14**
Lumiar R. do	8	**A11-B12**
Lusíada Av.	19	**F7-G11**
Lusíadas R. dos	72	**U8-T9**
Luz Az. da	20	**D8-E8**
Luz Est. da	20	**E8-H10**
Luz L. da	20	**E8**
Luz Soriano R.	76	**R14-S14**
Luz Tv. da	20	**E9**

M

Nome	Planta n°	Quadrícula
Macau R. de	53	**N16**
Machadinho B. de	63	**S13**
Machadinho R. do	63	**S12-S13**
Machado de		
Castro R.	54	**P17-P18**
Machado R. do		
(Carnide)	19	**E7**
Machado R. do		
(Ajuda)	71	**T7**
Machado Tv. do	19	**E7**
Machados Tv. dos	78	**S16S**
Macia R. de	28	**F20-E20**
Madalena L. da	77	**S16S**
Madalena Perdigão L.	35	**J10**
Madalena R. da	77	**R16-S16**
Madalena Tv. da	77	**R16S-S16N**
Madame Curie Av.	36	**K12**
Madre de Deus L. da	54	**L19**
Madre de Deus R. da	54	**N19**
Madres R. das	63	**T13-S13**
Madressilva Tv. da	70	**T5-T6**
Madrid Av. de	39	**H15-J16**
Mãe de Água R. da	76	**R14N-P14S**
Maestro António		
Taborda R.	74	**T11**
Maestro Frederico		
de Freitas R.	20	**G8-H9**
Maestro Jaime		
da Silva Filho R.	21	**F9**
Maestro Pedro		
de Freitas Branco R.	63	**P13**
Maestro Raúl		
Ferrão R.	32	**H5**
Magalhães Lima Av.	38	**K15**
Major Figueiredo		
Rodrigues R.	13	**C19**
Major Neutel de		
Abreu R.	34	**H8-H9**
Malaca Pr. de	69	**V4**
Maldonado Bec. do = 22	78	**S16N-S17N**

Nome	Planta n°	Quadrícula
Maldonado Tv. do	53	P16
Malva-Rosa R. da	22	F11
Malvar L. do	19	E7
Malvar Tv. do	19	E7
Mamadu Sissé R.	27	D18-E19
Manhiça R. de	28	E20
Manica R. de	12	D17-C18
Manjacaze R. de	28	F20
Manjericos R. dos (Campo Grande)	22	F11
Manjericos R. dos (Bairro da Boavista)	46	L5
Manuel Bento de Sousa R.	52	P15
Manuel Bernardes R.	63	R13
Manuel Caetano de Sousa R.	42	H20-J20
Manuel Correia Gomes R. = 87	33	H7
Manuel da Maia Av.	39	L16-K16
Manuel da Silva Leal R.	21	G10
Manuel de Azevedo Fortes R.	49	L10
Manuel de Jesus Coelho R.	52	P14
Manuel dos Santos R.	40	J18
Manuel Emídio da Silva L.	35	J10
Manuel Ferreira de Andrade R.	34	H8
Manuel Godinho de Herédia R.	69	V3
Manuel Gouveia R.	39	J16-H17
Manuel José da Silva R.	55	L19
Manuel Maria Viana R.	67	U8-U9
Manuel Marques R.	9	D13
Manuel Mendes R.	14	B21
Manuel Múrias R.	19	F6
Manuel Soares Guedes R.	65	P16
Manuel Teixeira Gomes R.	27	G19-F20
Manuela Porto R.	19	E7
Manuelzinho d'Arcolena R.	57	R3
Manútenção R. da	54	N19-M20
Manútenção Tv. da	55	M20
Maquinez Bec. do = 50	78	S17N
Mar R. do	43	J21
Mar da China R. do	15	B22
Mar do Norte r. do	15	D22
Mar Vermelho R. do	15	C22
Maravilhas R. das	46	L4-L5
Marcelino de Mesquita Jardim	50	N12
Marcelino de Mesquita R.	39	J17-K17
Marconi Av.	39	J15
Marcos Est. dos	58	R5-S6
Marcos Marreiros R. de	76	S13S
Marcos Portugal R.	63	R13
Marcos R. dos	58	S5-S6
Marechal Craveiro Lopes Av.	23	E13-D17
Marechal Gomes da Costa Av.	26	D17-F22
Marechal Humberto Delgado Pr.	36	J11
Marechal Saldanha R.	76	S14
Marechal Teixeira Rebelo Av.	19	F6-E7
Margaridas R. das	46	L5
Margem R. da	55	M20
Margiochis R. dos	57	R3
Maria Amália Vaz de Carvalho R.	24	G15
Maria Andrade R.	53	N16
Maria Brown R.	19	F7-E8
Maria da Fonte R.	53	P16-N16
Maria Guerra Bec. da = 46	78	S17N
Maria Helena Vieira da Silva Av.	9	C13-D13
Maria Isabel Aboim Inglês L.	69	V3
Maria Lalande R.	18	G5-F5
Maria Lamas R.	18	F5
Maria Luísa Bec. da	52	M16
Maria Luísa Holstein R.	73	U9
Maria Pia R.	73	T10-N11
Maria Pimentel Montenegro R.	19	G6
Maria R.	53	P16-N16
Maria Ulrich R.	50	N12
Maria Veleda R.	20	E8
Mariano Pina R.	20	H8
Marinheira Az. da	57	P3
Mário Beirão R.	20	F9
Mário Castelhano R.	37	J12
Mário de Sá da Carneiro R.	24	G14
Mário Sampaio Ribeiro R.	8	C12
Marquês da Silva R.	52	M16
Marquês de Abrantes Cal. do	63	T13-S13
Marquês de Angeja L. do	71	V6
Marquês de Fronteira R.	50	M11-L13
Marquês de Olhão R.	55	M19-L20
Marquês de Pombal Pr.	51	N13-N14
Marquês de Ponte de Lima Esc. do	77	R16S
Marquês de Ponte de Lima R.	77	R16
Marquês de Sá da Bandeira R.	37	K13-L13
Marquês de Sampaio Tv. do	76	S14S
Marquês de Soveral R.	25	F15-F16
Marquês de Subserra R.	50	N12-N13
Marquês de Tancos Cal. do	77	S16
Marquês de Tomar Av.	37	J13-K14
Marquês Lésbio Tv.	32	J6

Nome	Planta n°	Quadrícula
Marquês L. do	78	**S16S**
Marquesa de Alorna R.	24	**F14-G15**
Marquesa de Nisa L.	55	**N19**
Marracuene R. de	28	**E20**
Marta Pinto Tv.	70	**V5**
Martens Ferrão R.	51	**M14**
Martim de Pina Proença R.	49	**L10**
Martim Moniz L.	77	**R16N**
Martim Moniz R.	77	**R16**
Martim Vaz R.	77	**R15N**
Martinho Virgílio R.	7	**D9**
Martins Barata R.	69	**V4**
Martins Sarmento R.	53	**M17**
Mártires da Pátria Campo dos	52	**N15-P15**
Marvila Est. de	55	**L20**
Marvila L. de	55	**L19**
Marvila R. de	42	**K20-J21**
Mastro L. do	52	**P15**
Mastros R. dos	63	**S13**
Mastros Tv. dos	76	**S13S**
Mata R. da	9	**C13-C14**
Mata Tv. da (Bairro da Musgueira Sul)	9	**C13-C14**
Mata Tv. da (São Mamede)	78	**S16N**
Mateus Vicente R.	20	**F9**
Matinha R.	43	**H22**
Mato Grosso R. do	54	**P18**
Matola R. de	12	**D17-E18**
Mau da Catrineta R.	29	**F22**
Maurício de Oliveira L.	20	**G8**
Mayer Parque	64	**P14**
Mécia Mouzinho de Albuquerque R.	72	**V8**
Mediterrâneo Av. de	15	**D21-D22**
Meio à Ajuda R. do	70	**T6**
Meio do Forte Tv. do	52	**P15**
Meio Tv. do (Campolide)	50	**N11**
Meio Tv. do (Graça)	66	**R17**
Mejo R. do	63	**S12**
Melo Antunes R.	10	**A14**
Melo Bec. do	78	**S17N**
Melo Gouveia R.	53	**L17**
Mello Falcão Av.	5	**D6**
Mem de Sá R.	21	**F10-F11**
Mem Rodrigues R.	57	**T4-S4**
Memória Cal. da	70	**U5-T5**
Memória L. da	70	**U5**
Memória Tv. da	70	**U5-U6**
Mendonça e Costa L.	53	**L16-L17**
Menino de Deus Cal. do = 9	78	**R16S-R17S**
Menino de Deus L. do	78	**R16S**
Mercado R.	13	**B19-C19**
Mercatudo R. do	63	**S13**
Merceeiras Tv. das	78	**S16S-S17S**
Mercês R. das	70	**U6-T6**
Mercês Tv. das	76	**S14N**
Mestra Bec. da	19	**E7**
Mestra R. da	19	**E7**
Mestre António Martins R.	53	**M17**
Mestres Cal. dos	50	**M11-N11**
Metade R. da	52	**P14**
Mexias Bec. do	78	**S17N**
México Av. do	39	**K15**
Miguel Ângelo de Blasco R.	49	**L10**
Miguel Bombarda Av.	38	**K13-K14**
Miguel de Oliveira R.	41	**L19-L20**
Miguel José Mendes L.	19	**E7**
Miguel Lupi R.	63	**S12-S13**
Miguel Lupi Tv.	63	**S12**
Miguel Nogueira Junior R.	26	**E18**
Miguel Verdial Tv.	32	**J6**
Mil Patacas Bec. das = 51	78	**S17N**
Milagre de Santo António R. do	78	**S16N**
Mindelo R. do	52	**M15-M16**
Mirador Esc. do	71	**T7**
Mirador R. do	71	**U7-T7**
Mirador Tv.	71	**U7**
Miradouro R. do	57	**R3**
Mirante à Ajuda Cal. do	59	**S6**
Mirante Bec. do	66	**R18**
Mirante R. do	66	**R18**
Misericórdia R. da	76	**S15**
Mitelo L. do	52	**N15-P15**
Mó Bec. da	78	**R17S**
Moçambique R. de	53	**M16-N16**
Mocimboa da Praia R.	27	**E20**
Moeda R. da	76	**T14**
Moinho de Vento Cal. do	52	**P15**
Moinho de Vento Tv. do	62	**S11**
Moinho Velho Tv. do	71	**T7**
Moinhos Tv. dos	72	**T7-T8**
Mónicas Tv. das	78	**R17**
Moniz Barreto R.	39	**H15**
Monsanto Est. de	32	**K5-M6**
Monsanto Parque Florestal de	33	**K6-P8**
Monte Bec. do	53	**P16**
Monte Cal. do	65	**P16**
Monte do Carmo Tv. do	76	**R13N**
Monte Esc. do	65	**P16**
Monte L. do	65	**P16**
Monte Olivete R. do	76	**R13N**
Monte Prado Esc.	49	**P10**
Monte Tv. do	65	**P16-P17**
Monteiro Mor Parque de	8	**A11-B11**
Montepio Geral R. do	34	**H8-H9**
Monterroio Mascarenhas L.	50	**N12**
Montes Claros Est.	47	**P6-N8**
Morais Soares R.	53	**L16-M18**
Moreira de Almeida R.	31	**H4**
Morenas R. das	9	**C14-D14**
Moscavide Est. de	15	**B21-C21**
Moscavide R. de	15	**A22**
Mota Veiga Pr.	13	**C20**
Moura Girão R.	25	**H16**

Nome	Pianta n°	Quadrícula
Mouraria Cal. da	77	**R16**N
Mouraria R. da	77	**R16**N
Mouros R. das	76	**R14**S
Mouzinho da Silveira R.	51	**N13-P14**
Mouzinho de Albuquerque Av.	54	**M17-P19**
Municipat de Campismo de Monsanto Pr.	46	**M5-N5**
Município Pr. do	77	**T15**

Nome	Pianta n°	Quadrícula
Murtas Az. das	24	**F13-F14**
Murtas R. das	24	**E14-F14**
Musas R. das	29	**F22**
Museu de Artilharia L. do	78	**S17**
Museu de Artilharia R. do	78	**S17-R17**
Musgueira Az. da	9	**B13-B14**

N

Nome	Pianta n°	Quadrícula
Nações Unidas Av. das	7	**D9-D10**
Narcisos R. dos	46	**L4-L5**
Navegantes R. dos	62	**S12**
Nazaré Tv. do	65	**P16**
Necesidades Cal. das	74	**T10-S11**
Necessidades L. das	73	**T10**
Necessidades R. das	73	**T10**
Necessidades Tv. das	73	**T10**
Nelson de Barros R.	54	**N19**
Neptuno Pas. de	29	**F22**
Nery Delgado R.	53	**M17**
Neves Costa R.	19	**E7**
Neves Ferreira R.	53	**M17**
Newton R.	53	**M16**
Nicolau Coelho R.	68	**U2-U3**
Nicolau Tolentino R.	55	**L20**
Nina Marquês Pereira R.	19	**G6**
Nogueira Sousa R.	52	**N15**
Norberto de Araújo R.	78	**S17**N
Noronha R. do	63	**P13-R13**
Noronha Tv. do	63	**R13-P13**
Norte Bec. do (Candide)	19	**E7**
Norte Bec. do (Lapa)	62	**S12**
Norte Junior R.	26	**E18**
Norte Pr. do	13	**A18**
Norte R. do (Carnide)	19	**E7**
Norte R. do (Bairro Alto)	76	**S14-R14**
Norte Tv. do	50	**N11**

Nome	Pianta n°	Quadrícula
Nossa Senhora da Ajuda R.	58	**S5**
Nova da Piedade R.	63	**R13**
Nova da São Domingos Tv.	77	**R15**S
Nova da Trindade R.	77	**S15**
Nova de Dom Vasco Tv.	59	**T6**
Nova de Santos Tv.	75	**T12**
Nova de São Francisco Cal.	77	**S15**S
Nova de São Francisco de Borja Tv.	62	**S11**
Nova de São Mamede R.	63	**P13**
Nova do Almada R.	77	**S15**
Nova do Calhariz R.	71	**U6-U7**
Nova do Carvalho R.	76	**T14**N-**T15**N
Nova do Colégio Cal.	77	**R15**N
Nova do Desterro R.	52	**P15-P16**
Nova do Grilo R.	55	**M19-L20**
Nova do Loureiro R.	76	**R14**S-**S14**N
Nova dos Mercadores R.	29	**F22**
Nova R.	36	**H11**
Novas Nações Pr. das	53	**N16**
Nunes Claro R.	38	**K15-J15**
Nuno Bragança R.	58	**T5**
Nuno Krus Abecassis Av	9	**A13-A14**
Nuno Gonçalves Pr.	37	**H12**
Nuno Rodrigues dos Santos Pr.	36	**H11-J11**
Nuno Tristão R.	69	**V2-V3**

Nome	Pianta n°	Quadrícula
Oceanos Alam. dos (Olivais Norte)	15	**B22-A22**
Oceanos Alam. dos (Olivais Sud)	29	**F22**
Ocidental L.	57	**S4**
Olaias Rot. das	40	**K17**
Olarias Bec. das	78	**R16***N*
Olarias Esc. das	65	**P16**
Olarias L. das	78	**R16**
Olarias R. das	65	**P16**
Olegário Mariano Pr.	53	**L16**
Oleiro Tv. do	76	**S13***S*
Olga Morais Sarmento R.	57	**R3**
Olivais Cal. dos	14	**C20**
Olival a Santos Tv. do	74	**T11**
Olival R. do	74	**T11-T12**
Olival Tv. do	66	**P17-P18**
Oliveira Bec. da	77	**R16***N*
Oliveira Cardonega R.	28	**F20**
Oliveira Esc. da	77	**S15***N*
Oliveira Martins R.	39	**J15**
Oliveira R. da (Bairro das Calvanas)	10	**D14**
Oliveira R. da (Baixa)	77	**R15-S15**
Oliveira Tv. da	63	**R12-S12**
Oliveirinha L. da	76	**R14***S*
Oliveirinha R. da	78	**S17***S*
Olivério Serpa R.	18	**G4-G5**
Oliveira de São Lázaro Tv. da	65	**P16**
Operários R.	54	**P18**
Óscar Monteiro Torres Av.	38	**J14-J15**
Ourique Campo de	49	**P11**
Outeirinho da Amendoeira Bec. do = 43	78	**S17***N*
Outeirinho da Amendoeira L. do	78	**R17**
Outeiro Est. do	46	**P6-K5**
Outeiro Tv. do	63	**S12**
Ovar R. de	41	**J19**

P

Nome	Pianta n°	Quadrícula
Pacifico Av. do	15	**D22**
Paço da Rainha L.	52	**N15**
Paço do Lumiar Est. do	6	**D8-B10**
Paço do Lumiar L. do	7	**B10**
Padaria R. da	77	**S16***S*
Padre Abel Varzim R.	14	**C21**
Padre Adriano Botelho R.	73	**T9**
Padre Álvaro Proença Alam.	18	**G5-H5**
Padre Américo R.	20	**D9-E9**
Padre António de Andrade R.	68	**V2-V3**
Padre António Vieira R.	50	**M12**
Padre Augusto Gomes Pinheiro L.	7	**B10**
Padre Bento Gois R.	57	**T4**
Padre Cruz Av.	8	**B11-E12**
Padre Domingos Maurício dos Santos R.	49	**L10**
Padre Francisco Álvares R.	35	**H10-J10**
Padre Francisco R.	62	**R10-R11**
Padre Gregorio Verdonk R.	39	**J16**
Padre Joaquim Alves Correia R.	14	**B21-C21**
Padre Luís Aparício R.	52	**N15**
Padre Manuel Alves Correia R.	59	**T7**
Padre Manuel da Nóbrega Av.	39	**H16-J16**
Padre Reis Lima R.	57	**R3-P4**
Padre Sena de Freitas R.	53	**M17**
Pádua Av. de	14	**D20-D21**
Pai Calvo R.	57	**R3**
Paial L. do	50	**P11**
Paial Pto. do	50	**P11**
Paio Peres Correia R.	54	**N19**
Paiva Couceiro Pr.	53	**L17-M17**
Paiva de Andrade R. = 74	77	**S15***S*
Palma de Baixo Cal. de	22	**H11**
Palma de Baixo Rossio de	22	**H11**
Palma L. de	36	**H11**
Palma R. da	77	**R15-P16**
Palma Tv. da (Sete Rios)	22	**H11**
Palma Tv. da (Baixa)	77	**R15***N*-**R16***N*
Palmeira R. da	63	**R13-R14**
Palmeira Tv. da	76	**R13**
Palmeiras L. das (Carnide)	19	**E7**
Palmeiras L. das (Estefânia)	51	**M14**
Palmeiras R. das	36	**H11**
Palmira R.	53	**N16**
Pampulha Cal. da	74	**T11**
Paraíso R. do	66	**R17-R18**
Paraíso Tv. do	66	**R18**
Pardal Monteiro R.	26	**E17-F18**
Pardal Tv. do	59	**T7**
Paris Av. de	39	**J16**

Nome	Planta n°	Quadrícula
Parque R. do (Bairro das Calvanas)	10	**D14**
Parque R. do (Bairro de Santa Cruz)	32	**H5**
Parreiras Pto. das	76	**S13N-S14N**
Parreiras R. das (Carnide)	19	**E7-E8**
Parreiras R. das (Bairro Alto)	76	**S13N**
Parreiras Tv. das	52	**N14-N15**
Particular 2° Calçada da Quintinha	50	**N11**
Páscoa R. da	62	**P12**
Pascoal de Melo R.	52	**L15-L16**
Passadiço R. do	52	**N14-P15**
Passeio Ribeirinho	29	**F22**
Passos Manuel R.	52	**L16-M16**
Pasteleiro Tv. do	63	**S13**
Pasteur Pr.	39	**J16**
Pato Moniz Bec. do	32	**J6**
Patriacal Cal. da	76	**R14N**
Patrocínio R. do	62	**R11**
Patrocínio Tv. do	62	**R11**
Pau da Bandeira R. do	62	**S11-T11**
Paulo da Gama R.	69	**T3**
Paulo Dias de Novais R.	27	**F19-G19**
Paulo Jorge Tv.	71	**V6-V7**
Paulo Martins Tv. de	70	**T5-U6**
Paulo Renato R.	19	**H7**
Paulo VI Av. (Teresinhas)	41	**J19-G20**
Paulo VI Av. (Chelas)	41	**J19-H20**
Paus Bec. do = 44	78	**S17N**
Paz dos Reis R.	18	**G5**
Paz L. da	70	**T5-T6**
Paz R. da (Bairro Alto)	76	**S13N**
Paz R. da (Ajuda)	70	**U6-T6**
Paz Tv. da	74	**T12**
Pé de Ferro Tv. do	63	**S12-S13**
Pedralvas R. das	18	**G5-F5**
Pedras Negras R. das	77	**S16**
Pedras Negras Tv. das	77	**S16S**
Pedreira da Caneja Bec. da	49	**P11**
Pedreira do Fernandinho R. da	49	**N10-N11**
Pedreiras Cam. das	34	**K9-M10**
Pedreiras R. das	70	**U5**
Pedro Alexandrino R.	66	**P18**
Pedro Álvares Cabral Av.	63	**R12-P13**
Pedro Augusto Franco R.	57	**S5**
Pedro Bandeira R.	9	**D13**
Pedro Calmon R.	72	**T8-U8**
Pedro Correia Marques L.	26	**G8**
Pedro Cruz R.	26	**G18**
Pedro de Azevedo R.	42	**J20-H20**
Pedro de Barcelos R.	69	**T4**
Pedro de Sintra R.	57	**T4-S4**
Pedro Dias R.	76	**S13N**
Pedro Escobar R.	69	**V3**
Pedro Fernandes Queirós R.	57	**T3-T4**
Pedro Homem de Melo R.	41	**J19**
Pedro Ivo R.	39	**H15**
Pedro José Pezerat R.	26	**E18**
Pedro Nunes R.	51	**L14**

Nome	Planta n°	Quadrícula
Pedro Teixeira Est. de	58	**S5-R5**
Pedrouços R. de	68	**V2-V3**
Peixeira Tv. da	63	**S13**
Peixinhos Bec. dos	66	**P17**
Pena R.	8	**B11**
Pena Tv. da	77	**P15S-R15N**
Penabuquel Bec. do = 49	78	**S17N**
Penedo Est. do	58	**R5-N7**
Peneireiro L. do	78	**S17N**
Peneireiro Pto. do = 30	78	**S17N**
Penha de França L.	53	**M16-M17**
Penha de França R. da	53	**M16-P17**
Peoes Cam. de	27	**F19-F20**
Pequeno Campo	38	**J14**
Perdigão Cal. do	41	**J19-K19**
Pereira e Sousa R.	49	**P10-P11**
Pereira Henriques R.	42	**J21**
Pereira Tv. da	78	**R17-P17**
Perez Fernandez R.	32	**J5**
Pero da Covilhã R.	69	**U3-T4**
Pero de Alenquer R.	69	**T4-U4**
Pery de Linde R. =86.	33	**H6**
Pescadores Tv. dos	63	**S13**
Petinguim Bec. do	52	**N16**
Petrogal R. da	29	**E21-F22**
Picadeiro Cal. do	8	**A11-B11**
Picadeiro L. do	77	**S15S**
Picheleira Cal. da	40	**K17-K19**
Picoas R. das	51	**L14**
Piedade Tv. da	76	**R13S**
Pimenta Pto. da	76	**S14S**
Pimenteira Tv. da	71	**V6**
Pinheiro Chagas R.	51	**L13-L14**
Pinheiro Tv. do	63	**S12**
Pinheiros Alam. dos	59	**T6**
Pinto Ferreira R.	71	**U7-V7**
Pinto Quartin R.	59	**S6**
Pinto Tv. do	72	**U8**
Pinzaleiro Pto.	75	**T12**
Piteiras Tv. das	68	**V2-V3**
Planeta Az. do	41	**K19**
Pocinho Bec. do = 78	78	**S17N**
Poço Cal. do	53	**M16-M17**
Poço Coberto R. do	13	**B18-B19**
Poço da Cidade Tv. do	76	**S14N-S15N**
Poço de Baixo Az. do	7	**B10**
Poço do Borratém	77	**R16**
Poco do Chão Est. do	19	**F6-E7**
Poço dos Mouros Cal. dos	53	**L16-M17**
Poço dos Negros R. do	63	**S13-S14**
Poço dos Negros Tv. do	76	**S13N**
Poço L. do	22	**E11**
Poço Tv. do	28	**E21**
Poeta Milton R.	53	**M16**
Poeta Mistral Av.	37	**K13**
Poiais de São Bento R. dos	63	**S13-S14**
Poiais Tv. do	76	**S13N**
Pólo Sul R. do	15	**D22**
Pombeiro Az. do	40	**H17-H18**
Ponta Delgada R.	52	**L15-L16**

Nome	Planta nº	Quadrícula
Ponte Av. da	61	**R9-V9**
Ponte da Lama Boqueirão da = 56	78	**S17***N*
Ponte R.	73	**T9-T10**
Pontinha Est. da	19	**D6-E7**
Porta do Carro Esc. da	65	**P16**
Portas de Santo Antão R. das	64	**P15-R15**
Portas do Sol L.	78	**S17***N*
Porte de Água Tv. do	25	**E15**
Portela Est. da (Alvalade)	25	**E16**
Portela Est. da (Bairro de Caselas)	44	**P3**
Portela R. da	13	**C18-C19**
Porto Az. do	7	**B10**
Portugal Durão R.	37	**J12**
Portuguesa Tv. da	76	**S14***S*
Possidónio da Silva R.	62	**S10-S11**
Possolo R. do	62	**S11**
Possolo Tv. do	62	**S11**
Pote de Água L. do	25	**E15**
Pote de Água Tv. do	25	**E15**
Praça L. da	19	**E7-E8**
Praça Tv. da	70	**V5**
Praças R. das	74	**T12-S12**
Praia da Galé Boqueirão = 55	78	**S17***N*
Praia da Vitória Av.	52	**L14-L15**
Praia de Pedrouços R. da	69	**V3-W3**
Praia do Bom Sucesso R. da	69	**W3-V4**
Praia Esc. da	75	**T12**
Praia Tv. da	72	**U8**
Prata R. da	77	**R15-S16**
Prazeres Est. dos	61	**R10**
Prazeres Parada dos	62	**R10-R11**
Prazeres R. dos	63	**R13**
Prazeres Tv. dos	62	**R11**
Pregoeiro Tv. do	20	**E8**
Presidente Arriaga R.	74	**T11-T12**
Presidente Wilson R.	39	**J16**
Preta Constança R. da	57	**S4**
Pretas R. das	64	**P14-P15**
Primeiro Cabo José Martins Silvestre R.	13	**A19**
Primeiro de Dezembro R.	77	**R15-S15**
Primeiro de Maio R. (Olivais Norte)	14	**B21**
Primeiro de Maio R. (Ajuda)	73	**U9-T9**
Princesa L. da	69	**V3-W3**
Principal Av.	15	**C22-B22**
Principal de Peoes R.	27	**F19-G20**
Principal R. (Bairro das Calvanas)	10	**D14**
Príncipe Perfeito Pr.	29	**E22**
Príncipe Real Pr. do	76	**R14**
Prior Coutinho R. do	52	**N14**
Prior do Crato R.	73	**T10**
Prior R. do	74	**T11-T12**
Prista Monteiro R.	6	**D8-D9**
Procissão Tv. da	76	**R13***N*
Professor Aires de Sousa R.	22	**E11-F11**
Professor Alfredo de Sousa R.	7	**C10**
Professor Almeida Lima R.	5	**C7**
Professor Anibal de Bettencourt Av.	23	**G13**
Professor António José Saraiva Pr.	21	**E10**
Professor Armindo Monteiro R.	22	**E11**
Professor Arsénio Cordeiro R.	7	**D10-D11**
Professor Arsénio Nunes R.	5	**C7-D7**
Professor Barbosa Soeiro R.	21	**E10-E11**
Professor Bento de Jesus Caraça R.	7	**D10-D11**
Professor Branco Rodrígues R.	76	**R13***N*
Professor Carlos Teixeira R.	21	**D10-E10**
Professor Celestino da Costa R.	53	**N17**
Professor Cid dos Santos R.	58	**S6**
Professor Damião Peres R.	7	**D10-D11**
Professor Delfim Santos R.	8	**D11**
Professor Dias Amado R.	21	**E10**
Professor Eduardo Araújo Coelho R.	22	**E11**
Professor Eduardo Cortesão R.	7	**D10**
Professor Egas Moniz Av.	22	**G11-G12**
Professor Fernando da Fonseca R.	22	**E11-D12**
Professor Francisco Gentil R.	21	**E10-E11**
Professor Gama Pinto Av.	22	**F12-H12**
Professor Gomes Teixeira R.	62	**S11-R11**
Professor Gonçalves Ferreira R.	22	**E11**
Professor Henrique Vilhena R.	21	**E10-E11**
Professor Hernâni Cidade R.	8	**E11-D11**
Professor João Barreira R.	21	**D10-E10**
Professor João Cândido de Oliveira R.	8	**B12-A12**
Professor João Castro Mendes R.	7	**D10**
Professor Jorge da Silva Horta R.	32	**H5**
Professor José Sebastião e Silva R.	33	**H7**
Professor Lima Bastos R.	36	**J11-K12**
Professor Lindley Cintra R.	5	**C6-C7**
Professor Lopo de Carvalho R.	28	**F20-G20**
Professor Luís Reis Santos R.	8	**D11**
Professor Manuel Valadares R.	8	**B12-A12**
Professor Mário Chicó R.	22	**D11-E11**
Professor Mark Athias R.	21	**D10-E10**
Professor Mira Fernandes R.	40	**K17-K18**
Professor Moisés Amazalak R.	7	**D9-D10**
Professor Orlando Ribeiro R.	7	**C10**
Professor Pais da Silva R.	5	**C7**
Professor Prado Coelho R.	7	**D10-C10**

Nome	Planta n°	Quadrícula
Professor Pulido Valente R.	7	**D10-D11**
Professor Queirós Veloso R.	7	**D10-D11**
Professor Reinaldo dos Santos R.	19	**H7-G8**
Professor Santos Andrea Pr.	19	**G7**
Professor Santos Lucas R.	19	**G6-F6**
Professor Simões Raposo R.	21	**E10**
Professor Sousa da Câmara R.	50	**N11-N12**
Professor Tiago de Oliveira R.	5	**C7**
Professor Veiga Beirão R.	25	**F16**
Professor Vieira de Almeida R.	8	**E11-C11**
Professor Virgínia Rau R.	22	**E11**
Professor Vitor Fontes R.	22	**E11-E12**
Públia Hortênsia de Castro R.	20	**E8**

Q

Nome	Planta n°	Quadrícula
Quarteis R. dos	71	**U6-U7**
Quatro de Agosto R.	53	**L17**
Quatro de Infantaria R.	62	**P11-R11**
Quebra Costas Esc. do	73	**T10**
Queimada Tv. da	76	**S14-R15**
Quelhas R. do	63	**S12-S13**
Queluz Est. de	57	**P4-S5**
Quinta da Aduela R. da	55	**M20**
Quinta da Curraleira	53	**L17**
Quinta da Fonte R. da	13	**C19**
Quinta da Graça R.	25	**E17**
Quinta das Comendadeiras	54	**P18-N19**
Quinta de Santa Maria R. da	12	**A18**
Quinta de Santo António Alam. da	21	**E9-E10**
Quinta do Almargem R. da	71	**U7**
Quinta do Charquinho R. da	19	**F6**
Quinta do Jacinto R. da	61	**S9-T9**
Quinta do Morgado R. da	13	**B19-C19**
Quinta do Paizinho R. da	57	**R3**
Quinta dos Frades R. da	8	**C11**
Quinta dos Ourives R.	41	**K19**
Quinta dos Peixinhos Cam. da	53	**N17-N18**
Quintinha Cal. da	49	**M10-N11**
Quintinha R. da	63	**R13-S13**
Quirino da Fonseca R.	39	**L16-K16**

R

Nome	Planta n°	Quadrícula
Rafael Bordalo Pinheiro L.	77	**S15***N*
Rafael de Andrade R.	52	**N15-P16**
Rainha das Ilhas das Cobras R.	58	**R4-S4**
Rainha do Congo R.	58	**R4-S4**
Rainha Dona Amélia Av.	8	**C11-D12**
Rainha Dona Brites R.	46	**L5-K5**
Rainha Dona Catarina R.	32	**L4-L5**
Rainha Dona Filipa Pr.	8	**C11**
Rainha Dona Leonor Av.	8	**C12**
Rainha Dona Leonor L.	46	**L5**
Rainha Dona Luísa de Gusmão R.	9	**C12-D12**
Rainha Dona Maria I R.	32	**L5**
Rainha Santa Isabel L. da	32	**K5-L5**
Rainha Santa Pr.	8	**C12**
Ramada Curto L.	15	**C21**
Ramalho Az. do	21	**G9**
Ramalho Ortigão R.	37	**K12-L13**
Ramos Bec. dos	78	**S17***N*
Rampa das Necessidades	73	**T10**
Raposa Cam. da	57	**R3**
Raposo Tv. do	66	**R17-R18**
Raquel Roque Gameiro R.	35	**H10**
Rato L. do	51	**P13**
Raul Brandão R.	25	**G16**
Raul Carapinha R.	35	**J10**
Raul Lino Pr.	26	**E17-E18**
Ré Bec. da	69	**V3-V4**
Rebelo da Silva R.	52	**L15**
Rebelo da Silva Tv.	52	**L15-L16**
Recíproca R.	14	**C21**
Recolhidas Tv. das	52	**N15**
Recolhimento Bec. do = 76	78	**S16***N*
Recolhimento de Lázaro Leitão Tv. do	54	**P18-P19**
Recolhimento R. do = 77	78	**S16***N*-**R17***S*
Regedor L. do	77	**R15***S*
Regedor R. do	77	**S16**
Regimento Engenharia Um R.	5	**D6**
Regueira R. da	78	**S17**
Regueirão dos Anjos R.	52	**N16-M16**
Reinaldo Ferreira R.	25	**F15-E16**

Nome	Planta nº	Quadrícula
Reinaldo Manuel dos Santos R.	49	L10
Reis Gomes R.	38	J15
Relogio Rot. do	12	D17
Remédios Esc. dos = 52	78	S17N
Remédios R. dos (Lapa)	62	S12-T12
Remédios R. dos (Alfama)	78	S17-R17
Remédios Tv. dos	78	R17S
Remolares R. dos	76	T14N
Remolares Tv. dos	76	T14
República Av. da	38	H14-L14
República da Bolívia R. da	19	G6-F6
República da Turquia L.	9	B12
República do Paraguai R. da	8	B12
República Peruana R. da	18	G5
Ressano Garcia Av.	50	L12-L13
Restauradores Pr. dos	77	R15
Restelo Av. do	69	U3-U5
Ribeira das Naus Av. da	77	T15
Ribeira Nova Pr. da	76	T14N
Ribeira Nova R. da	76	T14
Ribeira Nova Tv.	76	T14N
Ribeiro Cristino L.	25	F15
Ribeiro Sanches R.	74	T11
Ribeiro Santos Cal.	75	T12-T13
Ribeiro Seabra Tv.	69	V3
Ricarda Bec. da	77	R15S
Ricardo Espírito Santo R.	62	S11
Ricardo Jorge R.	25	F15
Ricardo Ornelas R.	26	G17-G18
Rilvas L. do	73	T10
Rio Águeda R. do	6	B8-C8
Rio Alcoa R. do	5	C7
Rio Almançôr R.	5	C7
Rio Alva R. do	6	C8-B8
Rio Alviela R. do	5	C7
Rio Ave R.	5	C7
Rio Caia R. do	6	C8-B8
Rio Cavado R. do	5	C7
Rio Ceira R. do	5	C7-B7
Rio Corgo R. do	5	C7
Rio Coura R. do	6	C8-B8
Rio Dão R. do	5	C7
Rio de Janeiro Av. de	25	F15-G15
Rio Douro R. do	5	C7-B8
Rio Guadiana R. do	5	C7-B8
Rio Laboreiro R. do	6	B7-C8
Rio Lena R. do	5	B7
Rio Lima R. do	5	C7
Rio Lis R. do	5	B7
Rio Minho R. do	5	C7-B7
Rio Mondego R. do	5	C7-B8
Rio Ocreza R. do	5	C7
Rio Paiva R. do	5	C7-B7
Rio Ponsul R. do	5	C7
Rio Sabor R. do	5	C7-B7
Rio Sado R. do	5	B7
Rio Seco L. do	71	U7
Rio Seco R. do	71	T7
Rio Seco Tv. do	71	T7
Rio Sever R. do	5	C7
Rio Sorraia R. do	5	C7
Rio Tâmega R. do	5	C7
Rio Távora R. do	5	C7
Rio Tejo R. do	6	B7-C8
Rio Torgal R. do	5	B7
Rio Tua R. do	5	C7
Rio Tv. do	19	G6
Rio Vez R. do	5	C7
Rio Vizela R. do	5	C7-B7
Rio Zêzere R. do	6	C7-C8
Ripo Monte Pto.	18	G5
Robalo Gouveia R.	40	J18
Roberto Duarte Silva R.	21	F9-F10
Roby Campbell R.	59	S7
Rocha Martins Pr.	6	C9
Rocha Santos R.	55	M19-L19
Rodrigo da Fonseca R.	50	M12-P13
Rodrigo Franco R.	49	L10
Rodrigo Rebelo R.	57	T3-S3
Rodrigo Reinel R.	57	S4-T4
Rodrigues Cabrilho R.	58	T4
Rodrigues Cordeiro L.	25	H16
Rodrigues de Freitas L.	78	R16S-R17S
Rodrigues Faria R.	73	U9-T9
Rodrigues Sampaio R.	51	N14-P14
Roma Av. de	24	F14-J15
Rosa Araújo R.	51	P13-N14
Rosa Bec. da	63	S13
Rosa L. da	77	R16S
Rosa R. da	76	R14-S14
Rosália de Castro R.	24	G14
Rosalina R.	53	P16-P17
Rosário Tv. do (Rato)	76	R14N
Rosário Tv. do (Santa Apolónia)	78	R17N
Rosas R. das	22	F11
Rosendo Bec. do	77	R16S
Rosmaninho R. do	22	F11
Rossa Damasceno R.	39	K16
Rovisco Pais Av.	39	L15-K16
Ruben António Leitão R.	76	R14S
Rui Barbosa R.	66	P18
Rui de Pina R.	57	T4
Rui de Pina Tv.	71	T7
Rui de Sousa R.	27	G20
Rui Grácio R.	26	G18
Rui Pereira R.	69	T4

S

Nome	Planta nº	Quadrícula
Sá de Miranda R.	72	**U8**
Sabino de Sousa R.	53	**L17**
Sacadura Cabral Av.	38	**J14-H15**
Sacavém Est. de	12	**C18-A18**
Saco R. do	52	**P15**
Sacramento Cal. do	77	**S15**
Sacramento R. do (Alcântara)	74	**T10-T11**
Sacramento R. do (Lapa)	74	**T11-S12**
Salema Pto. do	77	**R15***N*
Salgada Az. da	41	**K19**
Salgadeiras R. das	76	**S14**
Salgadeiras Tv. das	52	**P15**
Salgueiro Maia R.	41	**H19**
Salitre R. do	64	**P13-P14**
Salitre Tv. do	64	**P14**
Salreu Az. do	25	**E15-E16**
Salvador Bec. do = 11	78	**R17***S*
Salvador Correia de Sá Cal.	76	**S14***S*
Salvador L. do	78	**S17**
Salvador R. do	78	**R17-S17**
Sam Levy R.	57	**S3**
Samaritana R.	49	**M10-L10**
Sampaio Bruno R.	62	**P10-R10**
Sampaio e Pina R.	50	**M12**
Samuel Dinis L.	20	**G8**
Sanches Coelho R.	37	**H13**
Santa Apolónia Cal. de	67	**R18-P18**
Santa Apolónia R. de	67	**P18-P19**
Santa Bárbara L. de	52	**N16-M16**
Santa Bárbara R. de	52	**N16**
Santa Catarina R. de	76	**S14**
Santa Catarina Tv. de	76	**S14**
Santa Clara Campo de	66	**R17-R18**
Santa Cruz do Castelo L. de	78	**R16**
Santa Cruz do Castelo R. de	78	**S16-R16**
Santa Engrácia R. de	66	**P17-P18**
Santa Helena Bec. de	78	**S17***N*
Santa Isabel R. de	63	**P12-R12**
Santa Joana Princesa Av.	25	**F15-F16**
Santa Justa R. de	77	**S15-S16**
Santa Luzia L. de = 26	78	**S17***N*
Santa Luzia Tv. de = 25	78	**S16***N***-S17***N*
Santa Marinha L. de	78	**R17**
Santa Marinha R. de	78	**R17**
Santa Marinha Tv. de = 13	78	**R17***S*
Santa Marta R. de	51	**M14-P14**
Santa Marta Tv. de	52	**N14-N15**
Santa Matilde R.	34	**H8**
Santa Quitéria R. de	63	**R12-R13**
Santa Teresa Tv. de	63	**R13**
Santana Cal. de	65	**P15-R15**
Santana da Cruz Tv.	52	**P15**
Santana R. de	62	**S11-S12**
Santana Tv. de	77	**R15**
Santo Aleixo Tv.	62	**P12**
Santo Amaro Cal. de	72	**T7-U9**
Santo Amaro Esc. de	72	**U8**
Santo Amaro R. de	63	**R12-R13**
Santo André Cal. de	78	**R16**
Santo António Tv.	77	**R15***N*
Santo Antoninho L.	76	**S14***S*
Santo António Calçadinha de	54	**L19-M19**
Santo António Cal. de	52	**N15**
Santo António da Glória R. de	76	**R14**
Santo António da Sé L. de = 75	77	**S16***S*
Santo António da Sé R. de = 66	77	**S16***S*
Santo António da Sé Tv. de = 67	78	**S16***S*
Santo António dos Capuchos Alam.	52	**N15**
Santo António dos Capuchos R. de	52	**P15-N15**
Santo António R. de (Estrela)	62	**S11-R12**
Santo António R. de (Ajuda)	70	**U5-T5**
Santo António Tv. de (Graça)	66	**P17**
Santo António Tv. de (Ajuda)	74	**T12**
Santo António Tv. de (Ajuda)	70	**T5**
Santo António Tv. de (Belém)	71	**V6**
Santo Condestável Av. do	27	**E18-J19**
Santo Estêvão Cal. = 48	78	**S17***S*
Santo Estêvão Esc. = 47	78	**S17***S*
Santo Estêvão L. de	78	**S17**
Santo Estêvão R. de	78	**S17**
Santo Ildefonso Tv. de	63	**R12**
Santos Dumont Av.	37	**K12-K13**
Santos e Castro Av. de	10	**D14-A15**
Santos L. de	75	**T13**
Santos Pinto R.	74	**T11**
Santos-o-Novo L. de	54	**N19-P19**
Santos-o-Velho R. de	75	**T12**
São Bartolomeu Tv. de	78	**S16***N*
São Bento Pr. de	63	**R13**
São Bento R. de	63	**P13-S13**
São Bernardino Tv. de	52	**N15**
São Bernardo R. de	63	**R12**
São Boaventura R. de	76	**R14***S*
São Caetano R. de	74	**T11-S11**
São Caetano Tv.	50	**P12**
São Carlos L. de	77	**S15***S*
São Ciro R. de	62	**S11-S12**
São Crispim Esc. de	78	**S16***N*
São Cristóvão Esc. de = 14	77	**S16***N*
São Cristóvão L. de = 68	77	**S16***N*
São Cristóvão R. de	77	**R16-S16**

Nome	Planta n°	Quadrícula
São Domingos de Benfica L. de	34	J9
São Domingos de Benfica R. de	35	J9-J10
São Domingos de Benfica Tv. de	34	J9
São Domingos L. de	77	R15
São Domingos R. de	62	S12-T12
São Félix R. de	62	S12-T12
São Filipe Néri R. de	51	N13-P13
São Francisco Bec. = 17	77	R16S-S16N
São Francisco Cal. de	77	T15-S15
São Francisco de Borja R.	74	T11-T12
São Francisco de Sales Bec.	51	P13
São Francisco de Sales R.	51	P13
São Francisco Xavier R.	68	U3-V4
São Gens R. de	65	P16-P17
São Jacob R. de	49	L10
São Jerónimo Tv. de	61	S10
São João Baptista L. de	8	B11
São João Bosco Pr.	61	R10
São João da Mata L. de	7	B10
São João da Mata R. de	63	S12-T12
São João da Praça R. de	78	S16-S17
São João de Deus Av.	39	H15-H16
São João Nepomuceno L.	76	S14S
São João Nepomuceno R. de	62	P12
São Joaquim R. de	63	P12
São Jorge R. de	62	R12
São José R. de	64	P14-P15
São José Tv. de	76	R13S
São Julião L. de	77	S15S-T15N
São Julião R. de	77	S15-S16
São Lázaro Bec. de	64	P15-P16
São Lázaro R. de	65	P16-R16
São Lourenço Cal. de = 16	77	R16S
São Lourenço R. de = 3	77	R16S
São Luís de Pena Bec. de	77	R15
São Mamede L. de	63	P13
São Mamede R. de	77	S16
São Marçal R. de	76	R13
São Martinho L. de	78	S16
São Miguel Bec. de = 37	78	S17N
São Miguel Cal. de = 32	78	S17N
São Miguel Esc. de = 35	78	S17N
São Miguel L. de = 72	78	S17N
São Miguel R. de	78	S17
São Miguel Tv. = 41	78	S17N
São Nicolau R. de	77	S15-S16
São Paulo Pr. de	76	T14
São Paulo R. de	76	S14-T15
São Paulo Tv. de	76	T14N
São Pedro de Alcântara R. de	76	R14-R15
São Pedro Mártir R.	77	R16
São Pedro R. de	78	S17
São Pedro Tv. de	76	R14S
São Plácido Tv. de	63	R12
São Rafael L. de	78	S17
São Sebastião da Pedreira L. de	51	L13
São Sebastião da Pedreira R. de	51	L13-M14
São Sebastião da Pedreira Tv. de	51	L13
São Sebastião L. de	7	B10
São Tiago R. de	78	S16N
São Tomas de Aquino R.	21	G10
São Tomé Esc. de = 10	78	R17S
São Tomé R. de	78	R17-S17
São Vicente Cal. de	78	R17
São Vicente de Paulo R.	49	L10
São Vicente L. de	78	R17S
São Vicente Pto. de	78	R17S
São Vicente R. de	78	R17
São Vicente Tv. de	78	R17N
Sapadores R. dos	53	P17-P18
Sapateiros R. dos	77	S15
Sara Afonso R.	57	P4
Saraiva de Carvalho R.	62	R11-P12
Sargento Abílio Tv. do	32	J5-J6
Sargento Alves Lopes R.	59	T6
Sargento Armando Monteiro Ferreira R.	14	B20-C20
Sargento Jácome Moreira R.	71	U6
Sargento José Paulo dos Santos R.	13	A19-B20
Sarmento de Beires R.	39	J17-H17
Saudade R. da	78	S16
Saudades R. das	46	L5
Saúde Esc. da	77	R16N
Saúde Tv. da	69	V3-W3
Sé L. da	78	S16
Seabra Pto. do	59	T6
Sebastião Saraiva Lima R.	53	L16-L17
Sebeiro Tv. do	61	S9-S10
Século R. do	76	R14-S14
Seminário R. do	20	E8-E9
Senhora da Glória R.	66	P17-R17
Senhora da Graça Tv. da	53	P17
Senhora do Monte R. da	65	P16-P17
Sequeira L. de	78	R17S
Sequeiro Tv. do	76	S14S
Serpa Pinto R.	77	S15S-T15N
Serrado Az. do	20	E8-D8
Sete Moinhos Cal. dos	49	N10-N11
Sete Moinhos R. dos	49	P10-N11
Setes R. dos	9	C14-D14
Severa L. da	77	R16N
Sidónio Pais Av.	51	L13-M14
Silva Carvalho R.	62	R12-N12
Silva e Albuquerque R.	24	G15
Silva Porto Parque	18	G5-H5
Silva Porto R.	71	T7
Silva Porto Tv.	71	T7
Silva R. da	63	S13
Silva Tavares R.	9	C12
Silva Tv. da	70	T5
Silveira Peixoto R.	40	K18
Silverio Pto. do	54	L18
Silvestre Pinheiro Ferreira Pr.	35	J9
Silvio Rebelo R.	38	K15
Simão Verissimo Dias R.	50	N11
Simões de Almeida R.	20	F9
Simões Telhadas R.	54	L19
Sítio ao Casalinho da Ajuda R. do	59	S6-S7
Soares de Passos R.	72	T8-U8

Nome	Planta n°	Quadrícula
Soares dos Reis R.	50	**M11**
Sociedade Farmacêutica R. da	51	**M14-N14**
Socorro R. do	77	**R16N**
Sócrates da Costa Pr.	40	**L18**
Soeiro Pereira Gomes R.	37	**H12-J12**
Soeiros R. dos	21	**F9**
Sol a Chelas R. do	54	**L17-L19**
Sol a Santana R do	52	**P15**
Sol R. do (Rato)	63	**P12-P13**
Sol R. do (Graça)	66	**P17**
Sol R. do (Bairro Alto)	76	**S14**
Soldado António da Costa R. = 84.	71	**U6-T6**
Soldados da Índia R.	68	**V2-U3**
Sousa Bastos R.	42	**H20**
Sousa Lopes R.	37	**H13-J13**
Sousa Loureiro R.	34	**H8**
Sousa Martins R.	51	**M14**
Sousa Viterbo R.	54	**M18-N18**
Stephens L. dos	76	**T14N**
Stuart Carvalhais R.	38	**J15-K15**
Sub-Chefe João Teodoro R.	71	**U6**
Sul R. do	10	**D14**
Sul Tv. do	50	**N11**
Surra Bec. da = 24	78	**R17S-S17N**
Surradores Bec. dos	77	**R16S**
Surradores Tv. dos	73	**T10**

T

Nome	Planta n°	Quadrícula
Tabaqueira R. da	43	**H22**
Tabelião L. do	77	**R15N**
Taipas R. das	76	**R14**
Tapada Cal. da	72	**T7-T9**
Tapada da Ajuda	60	**R7-R8**
Tapada das Necessidades	62	**S10-S11**
Tapada Tv. da	72	**T9**
Tarujo Tv. do	50	**L11**
Táxis Palhinhas R. dos	20	**E8**
Teatros Tv. dos	77	**S15S**
Teixeira Cal. do	41	**K18-K19**
Teixeira de Pascoais R.	39	**H16**
Teixeira Júnior Tv. de	73	**T9**
Teixeira Lopes R.	62	**S18-R18**
Teixeira Pinto R.	53	**M17**
Teixeira Rebelo Parque de	20	**E8-E9**
Teixeira R. do	76	**R14S**
Tejo e do Trancão Parque do	15	**A23**
Telhal R. do (Poço do Bispo)	43	**H21-H22**
Telhal R. do (Socorro)	52	**P15**
Telheiras Est. de	21	**E10**
Telheiro de São Vicente	78	**R17N**
Tenente Espanca R.	37	**J13-K13**
Tenente Evangelista Rodrigues Pr.	71	**U6**
Tenente Ferreira Durão R.	62	**P11-R11**
Tenente Martins Av.	47	**M7-L7**
Tenente Raúl Cascais R.	51	**P13**
Tenente Valadim R.	73	**U10-T11**
Tenente Viriato Correia de Lacerda R.	54	**P18**
Tenente-Coronel João Rodrigues de Moura L.	27	**E19**
Tenente-Coronel Ribeiro dos Reis R.	33	**H7**
Teófilo Carvalho dos Santos R.	7	**C10**
Teresa Gomes R.	35	**H9**
Terramotos Esc. dos	49	**P11**
Terras de Santana Tv. das	63	**P12**
Terras do Monte Tv. das	53	**P16**
Terras R. das	70	**U5**
Terreirinho L. do	77	**R16N**
Terreirinho R. do	65	**P16-R16**
Terreirinho Tv. do	78	**R16N**
Terreiro do Trigo Esc. do = 62	78	**S17S**
Terreiro do Trigo L. do	78	**S17S**
Terreiro do Trigo R. do	78	**S17**
Terreiro do Trigo Tv. = 59	78	**S17S**
Terreiro Tv. do	76	**S13S-S14S**
Tesouro Tv. do	73	**T10**
Tierno Galvan R.	50	**N11-N12**
Tijolo Cal. do (Bairro Alto)	76	**R14S**
Tijolo Cal. do (Graça)	78	**R17**
Tijolo Pto. do	76	**R14N**
Timor R. de	53	**N16**
Tojal Cal. do	18	**F5-G5**
Tomás Alcaide R.	27	**F19-G20**
Tomás Borba R.	38	**K15**
Tomás Cabreira R.	37	**J12**
Tomás da Anunciação R.	62	**P11-R11**
Tomás da Fonseca R.	21	**F9-F11**
Tomás de Figueiredo R.	38	**H14-H15**
Tomás Ribeiro R.	51	**L13-M14**
Torel Tv. do	52	**P15**
Torre de Belém Av. da	69	**W3-U3**
Torre do Fato Az. da	21	**E9-C9**
Torre Est. da	9	**B12**
Torre L. da	59	**S6-T6**
Torre R. da (Socorro)	78	**S16N**
Torre R. da (Bairro do Alto da Ajuda)	59	**S6-T6**
Torrinha Az. da	37	**J13**
Torrinha Tv. da	68	**V2**
Toucinheiros Bec. dos	55	**M19-N19**
Trabuqueta Tv. da	73	**T10**
Tras-os-Montes R. do	25	**E16**

Nome	Planta n°	Quadrícula
Travessas Az. das	7	**B10**
Três Engenhos Bec. dos	78	**R16***N*
Triângulo Vermelho R.	53	**N16-N17**
Trigueiros L. dos	77	**R16**
Trinas R. das	63	**S12-T12**
Trindade Coelho L.	76	**S15-R15**
Trindade L. da	77	**S15**

Nome	Planta n°	Quadrícula
Trindade R. da	77	**S15**
Trindade Tv. da	77	**S15***N*
Tristão da Cunha R.	68	**U2-V3**
Tristão Vaz R.	58	**S4-T5**
Triste Feia R.	73	**T10**
Trombeta R. da	76	**S14***N*
Tronco Pto. do	77	**R15***N*

U

Nome	Planta n°	Quadrícula
Ulisses Av. de	15	**E21-E22**
Ulmeiros Az. dos	7	**C9-C10**
Ultramar Jardim do	70	**V5**

Nome	Planta n°	Quadrícula
Universidade Alam. da	23	**G12-F13**
Uruguai Av. do	19	**G6-F6**

V – W

Nome	Planta n°	Quadrícula
Vaga-Lumes R. dos	58	**S5**
Vale de Santo António R. do	66	**P17-P18**
Vale do Pereiro R. do	51	**P13**
Vale do Silénco Parque Municipal	13	**C18-C19**
Vale Formoso de Baixo R. do	29	**F21-H21**
Vale Formoso de Cima R. do	42	**F21-J21**
Vale Fundão Az. do	42	**H20-H21**
Vale R. do	76	**S13**
Vasco Botelho do Amaral R.	32	**J5**
Vasco de Mendonça Alves R.	40	**K18**
Veigas Az. das	41	**K19.K20**
Veloso Salgado R.	37	**J12-J13**
Venceslau de Morais R.	51	**N13**
Venezuela R. da	32	**H5**
Ventura Terra Av.	22	**E11**
Verbena Tv. da	70	**T6**
Verduras Tv. das	59	**T6**
Vergílio Ferreira Av.	41	**H18-J18**
Veríssimo Dias R.	50	**N11**
Veríssimo Sarmento R.	40	**K17**
Verónica R. da	78	**R17**
Viana da Mota R.	25	**F16-G16**
Vice-Almirante Augusto de Castro Guedes R.	13	**A18**
Vice-Reis Rot. dos	15	**B22**
Vicente Borga R.	75	**T12-T13**
Vicente Dias R.	57	**T4**
Vicente Ribeiro R.	55	**M19-L19**
Victor Santos R.	6	**D9**

Nome	Planta n°	Quadrícula
Victoriano Braga L.	42	**H20**
Victor Cunha Rego r.	10	**B14-A14**
Vidros Bec. dos	66	**R17-R18**
Vieira da Silva R.	73	**T10**
Vieira Lusitano R.	50	**M11**
Vieira Portuense R.	70	**V5**
Vigário Bec. do = 45	78	**S17***N*
Vigário R. do	78	**S17**
Vila Alferes Chamusca R.	28	**F20**
Vila Amaral	53	**M17**
Vila Amélia Gomes	55	**M19**
Vila Amorim	61	**P10**
Vila Berta	66	**P17-R17**
Vila Cândida	53	**N17**
Vila Candoso	53	**L17**
Vila Correia	69	**V4**
Vila Cristina	54	**L19**
Vila da Cordoaria	61	**R10**
Vila de Bissorã R.	27	**E19**
Vila de Bubaque R.	27	**E19**
Vila de Catió R.	27	**E19**
Vila de Farim R.	27	**E19**
Vila de Fulacunda R.	27	**E19**
Vila de São Martinho R. da	32	**J5**
Vila de Sena R.	28	**E20-E21**
Vila Dias	55	**M19**
Vila do Castelo	77	**R16***S*
Vila do Rosário	53	**N17**
Vila Emilia	54	**M19**
Vila Fernandes Lopes	50	**P11**
Vila Fontes R. de	28	**E21-F21**
Vila Gadanho	53	**N17**
Vila Graciete	61	**R10-P10**
Vila José Martins	62	**R11**
Vila Luz Pereira	78	**R16***N*

Nome	Planta n°	Quadrícula
Vila Macieira	53	P17-P18
Vila Manuel Bernardo	53	M16-L16
Vila Maria	50	N11
Vila Maria Luisa	55	M20
Vila Marques	49	P11
Vila Matra	49	P10
Vila Monte Prado	49	P10
Vila Moreno	54	M19
Vila Neves	61	R10
Vila Pery R.	12	D18
Vila Queiraz	53	N16
Vila Rodrigues (Graça)	53	P17
Vila Rodrigues (Bairro do Casalinho da Ajuda)	59	T7
Vila Rogério	55	M19
Vila Rosa	20	E8
Vila Serra	77	P15S-R15N
Vila Sousa	78	R17N
Vila Teixeira Pinto R.	27	E18-E19
Vilhena Barbosa R.	39	K15
Vinagreiros Cal. dos	41	J19
Vinha R. da	76	R14S
Vinte e Quatro de Janeiro Av.	48	L7-J9
Vinte e Quatro de Julho Av.	74	T10-T14
Vintém das Escolas Tv. do	18	G6
Violante do Céu R.	24	F14
Violetas R. das (Campo Grande)	22	F11
Violetas R. das (Bairro da Boavista)	46	L5
Virgílio Correia R.	21	F10-G10
Virgínia Quaresma R.	57	R4-P4
Virgínia R.	53	P17
Virgínia Vitorino R.	8	C12-B12
Viriato R.	51	M14-L14
Visconde de Juromenha R. do	53	M17
Visconde de Santarém R.	52	L15
Visconde de Seabra R.	38	H14
Visconde de Valmor Av.	38	K13-K15
Viscondessa dos Olivais Pr. da	14	C20
Vitor Bastos R.	50	M11-M12
Vitor Cordon R.	77	T15
Vitor Hugo R.	39	H16
Vitória R. da	77	S15-S16
Vitorino Damásio L.	75	T13
Vitorino de Freitas Tv.	59	T6
Voz do Operário R. do	78	R17
Washington R.	66	P18

X – Z

Nome	Planta n°	Quadrícula
Xabregas R. de	55	N19-M20
Xadrez Bec. do	70	T5-T6
Xavier Cordeiro R.	39	K15
Xavier de Araújo R.	21	H10
Xavier de Magalhães	28	H20
Zacarias de Aça R.	59	T7
Zagalo Tv. do	66	R17-R18
Zaire R. do	53	M16-N16
Zebras Tv. das	71	U6-V6
Zófimo Pedroso R.	42	J21

	Planta n°	Quadrícula
1° de Dezembro R.	77	R15S-S15N
2° Passeio ao Parque	15	A22-A23
3° Passeio ao Parque	15	A22-A23
24 de Julho Av.	74	T10-T14
25 de Abril Ponte	73	V9-W9
1 R. (Bairro da Encarnação)	13	B18
1 R. (Bairro da Boavista)	46	L5
1 R. (Campolide)	49	M11
1 R. (Estrela)	62	R11
1 R. (Bairro do Alto da Ajuda)	58	S5-S6
1 R. (Ajuda)	70	V5-U5
2 R. (Bairro da Encarnação)	13	B18
2 R. (Bairro da Boavista)	46	L5
2 R. (Campolide)	49	M11
2 R. (Estrela)	62	R11
2 R. (Bairro do Caramão)	58	S4-S5
2 R. (Bairro do Alto da Ajuda)	58	S6
2 R. (Bairro da Quinta do Jacinto)	73	T9
2 R. (Ajuda)	70	V5
2-A R. (Bairro Lopes)	53	M17
3 R. (Bairro da Encarnação)	12	B18
3 R. (Bairro da Boavista)	46	L5
3 R. (Campolide)	49	M11
3 R. (Bairro do Alto Ajuda)	58	S5-S6
3 R. (Bairro da Quinta do Jacinto)	73	T9
3 R. (Ajuda)	70	V5
3 R. (Ajuda)	70	U5-U6
3 R. (Ajuda)	70	U5-U6
4 R. (Bairro da Encarnação)	13	B18-C18
4 R. (Bairro da Boavista)	46	L5-K5
4 R. (Campolide)	49	M11
4 R. (Bairro do Alto da Ajuda)	58	S6

Nome	Planta nº	Quadrícula
4 R. (Bairro da Quinta do Jacinto)	73	T9
4 R. (Ajuda)	70	U5-V5
5 R. (Bairro da Encarnação)	12	B18
5 R. (Benfica)	18	F5
5 R. (Barro da Boavista)	32	L5
5 R. (Campolide)	49	M11-N11
5 R. (Bairro do Alto da Ajuda)	58	S5-S6
5 R. (Ajuda)	70	U5
6 R. (Bairro da Encarnação)	13	C18
6 R. (Bairro da Boavista)	32	L5
6 R. (Campolide)	49	M11
6 R. (Bairro do Alto daAjuda)	58	S6
6 R. (Bairro da Quinta do Jacinto)	73	T9
7 R. (Bairro da Encarnação)	12	B18
7 R. (Campolide)	49	M10-M11
7 R. (Bairro do Alto da Ajuda)	58	S5-S6
7 R. (Bairro da Quinta do Jacinto)	73	T9
7 R. (Ajuda)	70	U5
8 R. (Bairro da Encarnação)	13	C18-B19
8 R. (Campolide)	49	M11
8 R. (Bairro do Alto da Ajuda)	58	S6
8 R. (Bairro da Quinta do Jacinto)	73	T9
8 R. (Ajuda)	70	U5
9 R. (Bairro da Encarnação)	12	B18
9 R. (Bairro da Boavista)	32	K5-L5
9 R. (Campolide)	49	M10-M11
9 R. (Bairro do Alto Ajuda)	58	S5-S6
9 R. (Ajuda)	70	U5
10 R. (Bairro da Encarnação)	13	C18
10 R. (Campolide)	49	M11
10 R. (Bairro do Alto da Ajuda)	58	S6
10 R. (Alcântara)	73	T9
10 R. (Ajuda)	70	U5
11 R. (Bairro da Encarnação)	12	B18
11 R. (Campolide)	49	M10-N10
11 R. (Bairro do Alto da Ajuda)	58	S5
11 R. (Ajuda)	70	U5
12 R. (Bairro da Encarnação)	13	B18-C19
12 R. (Campolide)	49	M11
12 R. (Bairro do Caramão)	58	R5-S5
12 R. (Bairro do Alto da Ajuda)	58	S6
12 R. (Ajuda)	70	U5
13 R. (Bairro da Encarnação)	12	B18
13 R. (Bairro do Alto da Ajuda)	58	S5
13 R. (Ajuda)	70	U5
14 R. (Bairro da Encarnação)	13	B19-C19
14 R. (Bairro do Alto da Ajuda)	58	S6
14 R. (Ajuda)	70	U5
15 R. (Bairro da Encarnação)	13	B18
15 R. (Bairro do Caramão)	58	R4-R5
15 R. (Bairro do Alto da Ajuda)	58	S5
15 R. (Ajuda)	70	U5
16 R. (Bairro da Encarnação)	13	B18-B19
16 R. (Bairro do Caramão)	58	R5
16 R. (Bairro do Alto da Ajuda)	58	S6
16 R. (Ajuda)	70	U5
17 R. (Bairro da Encarnação)	13	B18
17 R. (Bairro do Caramão)	58	R5
17 R. (Bairro do Alto da Ajuda)	58	S5
17 R. (Ajuda)	70	U5
18 R. (Bairro da Encarnação)	13	C19
18 R. (Bairro do Caramão)	58	R5
18 R. (Bairro do Alto da Ajuda)	58	S6
18 R. (Ajuda)	70	U5
19 R. (Bairro da Encarnação)	12	B18-A18
19 R. (Bairro do Caramão)	58	R5
19 R. (Bairro do Alto da Ajuda)	58	S5
20 R. (Bairro da Encarnação)	13	C18-C19
20 R. (Bairro do Alto da Ajuda)	58	S6
21 R. (Bairro da Encarnação)	12	B18-A18
21 R. (Bairro do Caramão)	58	R5
21 R. (Ajuda)	70	U5
22 R. (Bairro da Encarnação)	13	B19-C19
22 R. (Bairro do Alto da Ajuda)	58	S6
22 R. (Ajuda)	70	U5
23 R. (Bairro da Encarnação)	13	A18-B18
23 R. (Bairro do Alto da Ajuda)	58	S5
24 R. (Bairro da Encarnação)	13	B19
24 R. (Bairro do Alto da Ajuda)	58	S6
25 R. (Bairro da Encarnação)	13	B18-B19
25 R. (Bairro do Alto da Ajuda)	58	S5
26 R. (Bairro da Encarnação)	13	B19
26 R. (Bairro do Alto da Ajuda)	58	S6
27 R. (Bairro da Encarnação)	13	B18
27 R. (Bairro do Alto da Ajuda)	58	S5
28 R. (Bairro da Encarnação)	13	B19
28 R. (Bairro do Alto da Ajuda)	58	S6
29 R. (Bairro da Encarnação)	13	A18-B18
29 R. (Bairro do Alto da Ajuda)	58	S5
30 R.	58	S5-S6

Índice das ruas numeradas na planta
Index des rues numérotées sur le plan
Index of streets numbered on plan
Índice de calles numeradas en el plano
Durch Nummern gekennzeichnete Straßen
Indice delle strade numerate sulla pianta

1	Fontainhas de São Lourenço R. das	77	**R16**S
2	Fontainhas de São Lourenço Tv. das	77	**R16**S
3	São Lourenço R. de	77	**R16**S
4	Farinhas Esc. das	77	**R16**S
5	Farinhas Bec. das	77	**R16**S
6	Flores Bec. das	77	**R16**S
7	Gralhas L. das	77	**R16**S
8	Laje Bec. da	78	**R16**S-**R17**S
9	Menino de Deus Cal. do	78	**R16**S-**R17**S
10	São Tomé Esc. de	78	**R17**S
11	Salvador Bec. do	78	**R17**S
12	Hera Bec. da	78	**R17**S
13	Santa Marinha Tv. de	78	**R17**S
14	São Cristóvão Esc. de	77	**S16**N
15	Jasmim Bec. do (Socorro)	77	**R16**S
16	São Lourenço Cal. de	77	**R16**S
17	São Francisco Bec.	77	**R16**S-**S16**N
18	Achada Bec. da	77	**R16**S
19	Achada Esc. da	77	**R16**S
20	Forno do Castelo Bec.	78	**S16**N
21	Leão Bec. do	78	**R16**S
22	Maldonado Bec. do	78	**S16**N-**S17**N
23	Funil Bec. do	78	**R16**S-**R17**S
24	Surra Bec. da	78	**R17**S-**S17**N
25	Santa Luzia Tv. de	78	**S16**N-**S17**N
26	Santa Luzia L. de	78	**S17**N
27	Escolas Gerais Esc. das	78	**S17**N
28	Forno da Galé Bec. do	78	**S17**S
29	Loureiro Bec. de	78	**S17**N
30	Peneireiro Pto. do	78	**S17**N
31	Alfurja Bec. do	78	**S17**N
32	São Miguel Cal. de	78	**S17**N
33	Figueira Cal. da	78	**S17**N
34	Corvinha Bec. da	78	**S17**N
35	São Miguel Esc. de	78	**S17**N
36	Canas Bec. das	78	**S17**N
37	São Miguel Bec. de	78	**S17**N
38	Formosa Bec. da	78	**S17**N
39	Almotacé Bec. do	78	**S17**N
40	Bicha Bec. da	78	**S17**N
41	São Miguel Tv.	78	**S17**N
42	Azinhal Bec. do	78	**S17**N
43	Outeirinho da Amendoeira Bec. do = 43	78	**S17**N
44	Paus Bec. dos	78	**S17**N
45	Vigário Bec. do	78	**S17**N
46	Maria Guerra Bec. da	78	**S17**N
47	Santo Estêvão Esc.	78	**S17**S
48	Santo Estêvão Cal.	78	**S17**S
49	Penabuquel Bec. do	78	**S17**N
50	Maquinez Bec. do	78	**S17**N
51	Mil Patacas Bec. das	78	**S17**N
52	Remédios Esc. dos	78	**S17**N
53	Atafonas Bec. das	78	**S17**N
54	Belo Bec. do	78	**S17**N
55	Praia da Galé Boqueirão	78	**S17**N
56	Ponte da Lama Boqueirão da	78	**S17**N
57	Espírito Santo Bec. do	78	**S17**N
58	Cortumes Bec. dos	78	**S17**N
59	Terreiro do Trigo Tv.	78	**S17**S
60	Alcaçarias L.	78	**S17**S
61	Barrelas Bec. das	78	**S17**S
62	Terreiro do Trigo Esc. do	78	**S17**S
63	Judiaria R. da	78	**S17**S
64	Almargem Pto. do	78	**S16**S
65	Almargem Tv. do	78	**S16**S
66	Santo António da Sé R. de	77	**S16**S
67	Santo António da Sé Tv. de	78	**S16**S
68	São Cristóvão L. de	77	**S16**N
69	Arco Escuro Bec. do	77	**S16**S
70	Arco das Portas do Mar	78	**S16**S
71	Caridade Bec. da	78	**S16**S
72	São Miguel L. de	78	**S17**N
73	Cantina Escolar L. da	78	**S17**N
74	Paiva de Andrade R.	77	**S15**S
75	Santo António da Sé L. de	77	**S16**S
76	Recolhimento Bec. do	78	**S16**N
77	Recolhimento R. do	78	**S16**N-**R17**S
78	Pocinho Bec. do	78	**S17**N
79	Cardosa Bec. da	78	**S17**N
80	Araméiros R. dos	78	**S16**S
81	Contrabandistas R.	73	**T10**
82	Contrabandistas Bec.	73	**T10**
83	Correnteza de Baixo R.	73	**T10**
84	Soldado António da Costa R.	71	**U6-T6**
85	Cabo Manuel Leitão R.	71	**U6**
86	Pery de Linde R.	33	**H6**
87	Manuel Correia Gomes R.	33	**H7**

AMADORA

Nome	Planta n°	Quadrícula
Abel Manta R.	18	E5
Abel Salazar Pct.	3	D4
Actor António Silva R.	17	G4-F4
Actor Paulo Renato Bec.	17	G3-F3
Adriano Correia de Oliveira R.	18	E5
Afonso Lopes Vieira Pct.	30	H2
Águas Livres Pr. das	31	H3
Alberto Aldim R.	31	L3
Alecrim R. do	31	H4
Alexandre de Gusmão L.	30	H2-H3
Alexandre O'Neill Pct.	2	C1-D1
Alexandre Sallés Av.	16	F1
Alfornelos Cam. de	3	D4
Alfornelos R. de	18	D4-E5
Alfragide Est. de	30	L2-J5
Alfredo da Silva R.	30	J1-K1
Aliados Pr. dos	30	H2
Almada Negreiros R.	3	C3
Almeida Garrett Av.	31	K3
Almeida Garrett R.	2	C2
Alvares Botelho R.	44	L2
Alves da Cunha Pct.	17	G4
Alves Redol Av.	31	H4
Amadeu de Sousa Cardoso Pct.	18	E5
Amílcar Cabral R.	16	H2
Ana de Castro Osório L.	18	E5
Ana de Castro Osório R.	30	J2-J3
Andrade Corvo R.	31	H4-J4
Ângelo Veloso Pct.	31	K3-K4
Aniceto do Rosário R.	16	F2
Anjos R. dos	31	J3
Antero de Quental Pct.	17	H4
António Aleixo R. (Brandoa)	2	C3
António Aleixo R. (Damaia)	31	H3
António Apolinário da Silva R. (Falagueira)	16	E1
António Apolinário de Silva R. (Alfornelos)	4	D4-D5
António Botto R.	3	C3-D3
António dos Santos Coelho R.	16	E1
António Duarte Caneças R.	16	F2-E2
António Enes R.	17	F4
António Feliciano de Castilho L.	17	F4
António Ferro R.	31	J4-J5
António Janeiro R.	2	C2
António José de Almeida R.	3	C3
António José Saraiva R.	2	A1
António Pedro R.	3	C3
António Prior do Crato R.	17	F4-E5
António Sérgio Av.	16	G1-G2
António Sérgio L.	31	H4
António Silva R.	3	C3-B3
António Teixeira Lopes R.	16	F3
Aprígio Gomes R.	2	A1
Aquilino Ribeiro R.	2	D2-D3
Árvore Pct. da	16	G1-G2
Ary dos Santos R.	16	G1
Associação R. da	31	L4
Augusto Castilho Pct.	16	H2
Augusto Gil R. (Mina)	2	B1-A1
Augusto Gil R. (Brandoa)	2	C2-D2
Avelar Brotero Pct.	17	F4
Barbosa Du Bocage R.	17	F4
Barrela Tv. da	31	K4
Bartolomeu Dias R.	31	H3
Basílio Teles R.	31	J3
Beatriz Nery Gomes R.	17	G3
Bento de Jesus Caraça R.	3	C3
Bento de Moura Portugal Pct.	17	F3
Bento Gonçalves R.	3	C3
Bernardino Machado R.	30	J3
Bernardo Santareno Pct.	31	H4
Bernardo Santareno R.	2	C2
Bordalo Pinheiro Av.	31	K3
Borges Carneiro L.	31	J4
Borges Carneiro R.	31	J4
Brandoa Est. da	17	D4-E4
Brasil Av. do	16	E1-G2
Brites de Almeida R.	3	D4
Cabo Verde R. (Venda Nova)	17	F4
Cabo Verde R. de (Buraca)	31	J4
Câmara Pestana Av.	17	F3-F4
Camilo Castelo Branco Av.	31	H4-J4
Candido de Oliveira R.	3	D4-C4
Capitães de Abril R.	3	C4-E5
Carlos Amaro de Matos R.	17	F4
Carlos de Oliveira Pct.	31	H4
Carlos Duarte Caneças R.	16	E2
Carlos Pereira Callixto Pct.	31	K4
Carolina Beatriz Ângelo Pct.	3	D4
Carvalhais Bec.	31	H4
Carvalho Araújo R.	30	H2
Casal Brandão Pct. do	16	F1
Casal Cascais Pct. do	30	H2
Casal de S. Vicente R. do	16	E2
Catarina Eufémia R. (Brandoa)	3	C3
Catarina Eufémia R. (Damaia)	30	H2
Cerrado da Vinha Pct. do	16	E1
Cerrado das Oliveiras Pct. do	45	L3
Cerrado das Oliveiras R. do	45	L3
Cerrado do Zambujeiro R. do	31	K4
César de Oliveira R.	2	C1-C2
Céu Aberto R. do	31	L4-K4
Chaby Pinheiro Av.	17	F4-G4
Chafariz R. do	31	J3-J4
Che Guevara R.	16	G2
Cidade de Córdova R.	31	L3-K3
Cipriano Dourado L.	17	H4
Clementino da Costa R.	3	D3-C3

Nome	Planta nº	Quadrícula
Coelho Seabra Pct.	31	H3
Colégio R. do	31	H3-J3
Comandante Luis António da Silva Av.	16	E1
Comandante Ramiro Correia R.	2	C1
Comércio Pct. do	30	K2
Conceição R. da	31	J3
Conde da Ericeira Pct.	30	J2-H2
Conde de Arnoso Pct.	31	J4
Conde de S. Marçal Av.	30	K3
Constituição de 1976 Pct. da	16	G2
Correia Est. da	18	E5-E7
Correia Teles R.	16	G1-F1
Cravos Vermelhos Av. dos	16	G1-G2
Cristovão da Gama L.	17	H4
Cruz Tv. da	16	F2
Curry Cabral Av.	17	G3-F3
Curry Cabral Bec.	17	G3
Damaia Cal. da	17	G3-H3
Damião de Góis R.	4	D5-E5
Daniel Augusto Silva R.	44	L2-L3
Dias Coelho Esc.	3	C3
Diogo Cão R.	3	C3
Dom Afonso de Noronha R.	16	G1
Dom Carlos I. Av.	16	G1-G3
Dom Dinis R.	17	F4
Dom Francisco de Almeida R.	17	G4
Dom João de Almeida Pct.	30	H2-H3
Dom João de Castro R.	30	H3
Dom João de Mascarenhas R.	17	H4
Dom João V. Av.	30	J3-H3
Dom José I. Av.	16	G1
Dom Luís I. Av.	44	L3
Dom Nuno Álvares Pereira R.	17	F4
Dom Pedro V. Av.	31	H3-G3
Dona Maria II. Pct.	16	F1
Dona Sílvia Cardoso R.	16	E1
Doutor Abel Varzim R.	3	D4
Doutor António Candido R.	17	F4
Doutor António José de Almeida R.	16	F2
Doutor Arlindo Vicente R.	16	G1
Doutor Câmara Reis Pct.	2	D1
Doutor Fernando Namora Pct.	2	C1
Doutor Fernando Piteira Santos Pct.	2	A1
Doutor Francisco Sousa Tavares R.	31	J3
Doutor João de Freitas Branco R.	2	A1
Doutor Joaquim Namorado R.	2	D1
Doutor José Pontes Av.	16	F1-G1
Doutor Mascarenhas de Melo R.	16	F2
Doutor Nuno Rodrigues dos Santos R.	31	K4
Doutor Oliveira Ramos R.	17	F4
Doutor Ricardo Jorge R.	17	G3-G4
Doutor Rui Grácio R.	31	K4
Doutor Teófilo Carvalho dos Santos Av.	30	H1
Duarte Pacheco Pereira R.	31	G3-H4
Eça de Queiroz Pct.	31	J4
Eduardo Coelho R.	30	K2
Eduardo Jorge Av.	16	E2-F2
Egas Moniz R.	30	H2
Eira L. da	16	E1-E2
Elias Garcia R.	16	E1-F4
Élio do Rego R.	17	F3-G3
Encosta R. da	30	K2-L2
Engenheiro Ângelo Fortes R.	16	F2
Engenheiro Lúcio de Azevedo R.	2	C1
Entreposto Industrial R. do	30	J1-J2
Escolas R. das	30	H2
Estevão de Vasconcelos R.	2	C1
Eucaliptos R. dos	30	J2-K2
Eugénio de Castro Pr.	30	H2
Eugénio de Castro R.	2	C2
Falagueira Est. da	16	E1-D2
Falagueira Tr. da	16	E1-E2
Faustino da Fonseca R.	31	K3
Febo Moniz R.	17	F4
Félix Correia Pr.	16	F1-G1
Fernando Pessoa Pct.	31	J4
Fernando Pessoa R.	3	C3
Fernão de Magalhães R.	3	C3-D4
Fernão Lopes R.	17	F4
Fernão Mendes Pinto R.	3	D4
Ferreira de Castro Pct.	31	J4
Ferreira de Castro R.	31	J4
Ferro Velho Tr. do	31	J4
Filipe Folque R.	17	F3
Florbela Espanca R.	17	F4
Flores Bec. das	31	H4
Flores Pct. das	30	K2
Flores R. das	31	H4
Fontaínhas R. das	17	G3-G4
Fontes Pereira de Melo R.	31	H3
Força Aérea Portuguesa Av. da	30	K2-K3
Francisco Franco R.	30	H2
Francisco Lázaro Pct.	16	G1
Francisco Miguel Pct.	2	C1
Francisco Ramos da Costa Pct.	16	G2
Francisco Simões Carneiro R.	17	G3
Francisco Xavier R.	31	J3-J4
Frederico de Freitas R.	3	C3
Freixos Pct. dos	30	K2
Freixos R. dos	30	K2
Gaias Pct. das	31	K4
Gaias R. das	31	K4
Galegas R. das	31	K4
Garagens R. das	45	L3
Garcia de Horta R.	31	G4-H4
General Alves Roçadas R.	30	H2

Nome	Planta nº	Quadrícula
General Fernando Tamagnini R.	30	**H2**
General Humberto Delgado Av.	16	**E1**
General João de Almeida R.	30	**H2-H3**
Girassol R.	31	**H3-J3**
Glória R. da	31	**J3**
Gôa R. de (Venda Nova)	17	**F4-E5**
Gôa R. de (Damaia de Baixo)	17	**H3-G4**
Godofrey Pope R.	31	**H3**
Gomes Eanes de Zurara Pct.	2	**C1**
Gomes Leal Esc.	3	**C3**
Gomes Leal Pct.	4	**D5**
Gonçalo Velho Cabral R.	3	**D4**
Gonçalves Crespo R. (Brandoa)	2	**C2-D2**
Gonçalves Crespo R. (Venda Nova)	17	**F4**
Gonçalves Zarco R. (Brandoa)	3	**C4**
Gonçalves Zarco R. (Buraca)	32	**J5**
Gorcel do Amaral Av.	30	**J2**
Grão Vasco R.	2	**C3**
Henrique Paiva Couceiro R.	16	**F2-F3**
Herculano de Carvalho R. (Brandoa)	3	**C3-C4**
Herculano de Carvalho R. (Reboleira)	16	**G1**
Hernani Cidade R.	2	**C2-D2**
Herois de Dadrá R.	31	**H3**
Hortas R. das	31	**J3**
Hospitais Civis de Lisboa Av. dos	16	**G1-H1**
Igreja da Reboleira L. da	16	**G1**
Igreja L. da	30	**H2-H3**
Ilha Brava R. da	31	**H4**
Imprensa R. da	30	**K2-K3**
Índia Pct. da	17	**G4**
Industria R. da	30	**K1-K2**
Indústrias R. das	16	**E2-G2**
Infantário Pct. do	16	**H1**
Irene Isidro R.	2	**A1**
Irene Lisboa Pct.	30	**J2**
Irene Lisboa R.	2	**C3-D3**
Isabel Aboim Inglês R.	18	**E5**
Isabel Aboim Inglês Tv.	18	**E5**
Ivens Av.	44	**L2-L3**
Jaime Cortesão R.	2	**C2**
João Anastácio Rosa Pct.	17	**G4**
João Corte Real R.	3	**C4-D4**
João Cristovão China R.	16	**D2-E2**
João das Regras L.	3	**D4**
João de Barros R.	3	**D3-C3**
João de Deus Pct.	31	**J4**
João de Deus R.	16	**F2-F3**
João Faria Borda Pct.	16	**F2**
João Hogan R.	17	**F3**
João Pereira da Rosa R.	30	**K2-K3**
João Saldanha Pct.	31	**H3**
João Villaret L.	3	**C3**
João Villaret Pct.	17	**G4**
Joaquim Luíz R.	16	**E1-E2**
Joaquim Tim Tim Sitima R.	2	**C2**
Joaquim Tim Tim Sitima Tv.	2	**C2**
Jorge de Abreu R.	31	**K3**
Jorge de Sena R.	2	**C2**
José António de Jesus Barreto R.	31	**H4-J4**
José Carlos Ary dos Santos Pct.	30	**J2**
José Estevão R.	16	**G2**
José Falcão R.	31	**H3**
José Félix R.	31	**K3**
José Gomes Ferreira R.	16	**G1**
José Gomes R.	2	**A1**
José Leite de Vasconcelos R.	2	**C3**
José Magro Pct.	2	**C1**
José Malhoa R.	3	**C3**
José Maria Pereira R.	2	**C1**
José Mergulhão R.	16	**G2**
José Régio Pct.	31	**H4**
José Régio R.	3	**C3**
José Rodrigues Miguéis R.	17	**E4-E5**
Josefa de Óbidos R.	18	**E5**
Júlio Dinis R. (Brandoa)	2	**C2**
Júlio Dinis R. (Damaia de Baixo)	31	**H4**
Ladeira R. da	31	**H3**
Lagar Pct. do	2	**D1**
Laranjeiras Av. das	30	**K2**
Latino Coelho Pct.	16	**G2-G3**
Latino Coelho R.	16	**G3-F3**
Laura Alves Pct.	16	**H1**
Leal da Câmara R.	3	**B3-C3**
Leitão de Barros R.	30	**K3**
Leite de Vasconcelos Av.	31	**K3**
Liberdade Av. da	2	**A1**
Liberdade Pct. da	31	**H4**
Liberdade R. da	2	**D2-C4**
Liceu R. do	31	**J3**
Liceu Tv. do	31	**J3**
Lino da Assunção R.	31	**K3**
Longuinha R. da	45	**M3-L3**
Luís Augusto Palmeirim Pct.	16	**F2**
Luís de Camões Pr.	31	**J4**
Luís de Camões R.	31	**J4**
Luís Ludovice R.	30	**H2**
Luís Vaz de Camões R.	3	**C3-D4**
Luísa Tody R.	3	**C3**
Macau R. de	16	**E1-F1**
Machado de Castro R.	3	**C3**
Madeira R. da	31	**H3-J3**
Mãe de Água Tv. da	16	**E1**
Manuel Alpedrinha Av.	16	**G1-G2**
Manuel da Maia Av.	31	**H3**
Manuel de Matos R.	17	**F4**
Manuel Guimarães R.	31	**K3**
Manuel Lemos Peixoto R.	31	**K3-K4**
Manuel Ribeiro de Pavia R.	16	**F2-F3**
Manuel Valadares R.	3	**D4**
Manuela Porto Pct.	4	**D5**
Marcos Portugal R.	18	**F5**
Maria Amália Vaz de Carvalho R.	2	**C2**
Maria Archer R.	2	**C3**
Maria da Fonte R.	3	**C3**
Maria Lamas R.	31	**J3**
Maria Luisa Caneças Pct.	31	**J3**

Nome	Planta nº	Quadrícula
Maria Machado R.	18	D5-E5
Maria Veleda R.	18	E5
Mário Azevedo Gomes Pct.	16	G2
Mário Sacramento R.	2	C2
Marquês das Minas Pr.	30	J2-J3
Marquês de Castelo Novo Pct. da	30	H2
Marquesa de Alorna R.	17	F4
Martins Rosado R.	16	E2
Mercado R. do	3	C3
Miguel Bombarda Av.	16	E1
Miguel Claudio Pct.	16	E1
Militar Est.	30	H1-H3
Miradouro Pct. do	30	K2
Miradouro R. do	30	K2
Miradouro Tv. do	30	K2
Moínho da Galega R.	2	D1-C1
Moínho do Castelinho R.	2	D1
Moínho Pct. do	45	M3
Moínho R. do (Buraca)	31	H3-J3
Moínho R. do (Zambujal)	45	M3-L3
Moínho Tv. do	31	J3
Moínhos Alam. dos	30	K2
Moínhos Av. dos	30	K2
Moínhos Tv. dos	30	K2
Montijo R. do	45	M3-L3
Mouzinho de Albuquerque R.	31	H3
Movimento das Forças Armadas L. do	31	K3
Movimento das Forças Armadas R. do	3	C3
Município R. do	3	C3-D4
Murgueira R. da	32	L4-K5
Natália Correia Pr.	31	J3
Neudel R.	30	H2
Nicolau Tolentino R.	2	D2
Norte Tv. do	2	D1
Nossa Senhora da Lapa R.	16	E1-E2
Oficinas Bec. das	17	H4-G4
Olival Tv. do	16	E1
Ordem Militar do Hospital Tv.	2	D1
Orlando Gonçalves R.	32	J5
Óscar Monteiro Torres R.	17	F4
Outeiro Rot. do	31	L4
Outeiro R. do (Falagueira)	16	E2
Outeiro R. do (Buraca)	31	J3-J4
Outeiro Tv. do	31	J3
Padre Álvaro Proença Pct.	2	C1-C2
Padre Américo R.	31	J4
Padre António Vieira R.	17	F4
Padre Bartolomeu de Gusmão Av.	31	J3-H3
Padre Bartolomeu de Gusmão Pct.	31	H3
Padre Cruz Pct.	31	J4
Padre Cruz R.	31	J4-J5
Padre Francisco da Cruz R.	3	C3
Padre Francisco Maria da Silva R.	31	J4
Padre Himalaia Av.	30	H2-J2
Padre Himalaia L.	30	H2

Nome	Planta nº	Quadrícula
Padre João Faustino Pct.	30	J3
Padre Manuel Gomes Himalaia R.	3	C3
Paiã R. da	3	B3-D4
Palmeira R. da	31	H3
Palmira Bastos Pct.	4	D5
Paraíso R. do	31	L4
Parque R. do	17	F4
Paz R. da	31	J3
Pedra Calcedónia R.	2	D1
Pedreira R. da	2	C2
Pedro Del Negro R.	16	G1
Pedro Freitas Branco Pct.	31	H3-J3
Pereira Bastos R.	31	K3
Pereira de Sousa Esc.	44	L2
Pero Escobar R.	3	C4-D4
Pina Manique Pct.	16	G1
Pinheiro Borges R.	45	L3
Pintor José Félix Pct.	16	H2
Poeta Ary dos Santos L.	4	D4-E4
Pombal Pct. do	16	F1
Ponte Est. da	30	K2-J2
Porta do Viveiro R. da	31	K4
Portela Est. da	45	M3-L4
Portela R. da	45	L3
Porto Santo Tv. do	3	C3
Principal R.	31	H3-J4
Professor Doutor Egas Moniz R.	32	J4-J5
Professor Egas Moniz R.	17	F4
Professor Lindley Cintra R.	31	K4
Professor Mira Fernandes R.	3	D4
Professor Mota Pinto R.	31	K4
Públia Hortência de Castro R.	4	D5
Quinta da Bolacha R. da	16	E1-D2
Quinta da Bolacha Tv. da	16	E1
Quinta da Conceição Pct. da	16	E1
Quinta da Figueira Pct.	17	G4
Quinta de Santo António L. da	17	F3
Quinta do Pau R. da	16	E2
Quinta do Pau Tv. da	16	E2
Quinta Grande Av. da	30	K1-K2
Quinta Nova Pct. da	16	E1
Rafael Bordalo Pinheiro R.	3	C3
Raúl Brandão Pct.	31	K3
Raúl Brandão R.	3	C3
Raúl de Campos Palermo Pr.	2	C1
Raúl Proença Pct.	31	J3
Rebelo da Silva R.	18	F4-F5
Reboleira Est. da	16	G2-H3
Reboleira Tv. da	16	F2
Regueira Pct. da	16	F2
Reis R. dos	31	J3-H3
República Av. da	31	K3-H4
República Guiné Bissau R. da	16	G2
Restolho R. do	31	K4
Revolução de 1383 Pct.	16	G2
Ribaldeira Pct. da	16	F1
Ribeira R. da	45	M3-L4
Ribeiro de Vasconcelos R.	30	K3
Roiçadas Pct. das	16	E1

Nome	Planta n°	Quadrícula
Rosário R.	31	J3
Ruy Luís Gomes Av.	3	D3-D5
Sal R. do	31	J3
Salgados Est. do	17	F2-F5
Salgados Tv. dos	17	F4
Salvador Allende Est.	16	F1-E1
Santa Clara Pct.	17	E4-F4
Santa Cruz Pct. de	16	F1
Santa Filomena Tv.	31	H4-J4
Santa Isabel R.	3	C3
Santa Terezinha Tv.,	3	C3
Santo Antão R. de	31	J3
Santo António de Lisboa R. de (Brandoa)	3	C3
Santo António de Lisboa R. de (Venda Nova)	17	F4
São Domingos R. de	31	J4-H4
São Francisco de Assis Pct.	17	F4
São Gil de Santarém R.	17	F4-E4
São João Batista R.	3	D3-C3
São João de Brito R.	31	H3
São João de Deus R.	17	F4
São Jorge da Mina Pct.	30	H2
São José Bec.	31	J3
São José Pr.	31	K4
São José R.	31	K4
São Miguel Pct.	16	H2
São Nicolau R.	31	J4
São Sebastião Pct. de	16	E1
São Tomé e Príncipe R.	31	H4
São Vicente Tv. de	31	J4
Seara de Trigo R.	2	C2
Seminário Est. do	44	L2
Serra da Mira Est. da (Brandoa)	2	C1-D1
Serra da Mira Est. da (Mina)	2	B1-A1
Silva Gaio Pct.	31	J4
Soeiro Pereira Gomes R. (Brandoa)	2	C2
Soeiro Pereira Gomes R. (Buraca)	31	J3
Stuart Carvalhais Pct.	16	H1
Stuart Carvalhais R.	30	K3
Talude Pct. do	45	L3
Teixeira de Pascoais L.	16	G2

Nome	Planta n°	Quadrícula
Teodóro da Costa R.	16	F2
Teofilo Braga Pr.	18	E5
Teofilo Braga R.	31	J3
Teresa Gomes Pct.	17	G4
Terras da Eira R. das	16	E1-E2
Terras dos Vales R. das	16	F1
Terreiro do Rossio R.	30	H1-H2
Tivieira R.	2	C2
Tomaz Kim R.	2	C2
Torcato Ferreira Pct.	16	F2
Torres R. das	30	K2
Torres Tv. das	30	K2
Traquinas L. do	45	L3
Trindade Coelho R.	31	J4
Tristão Vaz R.	32	J5
Vale R. do	31	H3-J3
Vales de Baixo Pct. dos	16	F1
Vasco da Gama Fernandes R.	16	G2
Vasco da Gama L.	3	D4
Vasco Santana R.	3	C3
Viana da Mota R.	3	B3-C3
Vice Almirante Azevedo Coutinho R.	16	F2
Vicente Esteves R.	16	E2
Vieira da Silva R.	2	A1
Vieira Lusitano R.	30	H2-H3
Vitor Carlos R.	4	C5
Vitorino Nemésio R.	2	C2-D2
Zambujal Est. do	45	M4-K4
1 de Dezembro L.	16	G2
1 de Maio L.	3	D4
1 de Maio Pct.	16	H2
1 de Maio R. (Damaia)	16	H2-H3
1 de Maio R. (Buraca)	31	J4
5 de Outubro Pct.	31	J4
5 de Outubro R.	31	J4
7 de Julho R.	31	J3
8 de Dezembro R.	31	J4
17 de Setembro R.	2	C1
25 de Abril Av.	31	H4
25 de Abril L. (Brandoa)	3	C3
25 de Abril L. (Alfragide)	31	L3
25 de Abril R.	3	C3-D4

LOURES

Nome	Planta n°	Quadrícula
Almirante Gago Coutinho R.	14	A21-B21
Angra do Heroismo R.	4	D5-D6
António Maria Pais R.	14	B21-A21
António Pedro Carvalho R.	14	B21-A21
Araújo Carvalho R.	15	A21
Arminda Gomes Carvalho R.	14	A21
Armisticio R. do	14	A21
Artur Ferreira da Silva R.	14	B21-A21
Atlet R. da	3	B4
Bartolomeu Dias Pct.	4	C6
Bento de Jesus Caraça R.	14	A21-B21

Nome	Planta n°	Quadrícula
Bombeiros Voluntairos Av. dos	4	D5-D6
Cabo Delgado R.	4	D6
Calouste Gulbenkian Av.	5	C6
Canoas R. das	3	B3-A4
Cidade Benguela R.	4	D6-C6
Cidade da Horta R.	4	D5-D6
Cidade de Luanda R.	4	C6-D6
Combatentes da Grande Guerra R. dos	15	A21
Comercio R. do	6	A8
Diogo Cão R.	5	C6

Nome	Planta nº	Quadrícula
Dom Afonso de Albuquerque R. . . . 4		C6
Dom Dinis Pct. 5		C6
Dom Fernando R. 5		B7
Dom Francisco		
de Almeida R. 5		C6
Dom João de Castro R. 4		C6
Dom João II R. 5		C6
Dom João III R. 4		C6
Dom João IV R. 5		A7
Dom José I R. 5		A7-B7
Dom Luís I R. 5		A7-B7
Dom Manuel I Pct. 5		C6
Dom Manuel R. 5		B7
Dom Nuno Álvares		
Pereira R. 5		C6
Dom Pedro V R. 5		B7-A7
Dona Maria II R. 5		A7
Doutor António Souto L. R. 14		A21
Doutor Gama Barros R. 4		C5
Doutor Hermino de Fatima		
Morais Estrela Pr. 4		D6
Doutor João Gomes		
Patacão R. 14		A21-B21
Doutor Mário Madeira R. 5		D6
Fábrica de Muniçoes R. 15		A21
Francisco Marques Beato R. 14		A21-B21
Funchal R. do 4		C5
Fundação R. da 3		B3-A4
Gil Eanes R. 5		C6
Gonçalo Braga R. 14		A21-B21
Gonçalves Zarco R. 5		C6
Heróis de Mucaba R. 4		C5-C6
Heróis dos Dembos R. 5		C6-D6

Nome	Planta nº	Quadrícula
Ilha do Faial R. da 4		D5
Ilha do Pico R. da 4		D5
Ilha do Porto Santo R. da 4		D5
Ilha Terceira R. da 4		D5-D6
Infantaria Sete R. 15		A21
Infante Dom Henrique R. 5		C6
Laureano Oliveira R. 14		A21
Luís Camões R. 15		A21-B21
Moscavide Av. de 14		A21-B21
M. Rosário Patacão R. 14		A21
Niassa R. 4		C6-D6
Olivença R. de 4		D5-D6
Pedro Álvares Cabral R. 4		B5-C6
Poder Local Pr. do 4		D5
Poder Local R. do 18		D5-E6
Primeiro de Maio		
R. (Serra da Luz) 6		A8
Professor Bento		
Jesus Caraça Pct. 5		D6
P. A. Marques R. 3		B4
Ramiro Esteves Coluna R. 4		C5
Salvador Allende R. 15		A21-B21
Santo André R. 5		D6
Santo Eloi R. de 4		C5-D6
São Bartolomeu Pr. 4		D5
São Francisco Xavier R. 5		C6
São Marcos R. 4		D6
São Pedro Av. de 4		D5-D6
São Simán R. 5		D6
Vasco da Gama R. 15		A21
Vasco da Gama R. (Pontinha) 5		C6
Vinte e Cinco de Abril R. 14		A21
25 de Abril Av. 4		D5-D6

OEIRAS

Nome	Planta nº	Quadrícula
Afonso Casais Monteiro R. 44		M1
Almirante Pedroso L. 56		T1
Alto da Montanha R. do 44		N1
Alto do Montijo R. 45		N3-M3
Anjos R. dos 68		U1
António José Forte R. 44		M1
António Pedro R. 44		M1
Barronhos Cam. 44		P1-P2
Bombeiros Voluntários		
de Algés Av. dos 68		U1-S2
Brito Pais R. 56		S1
Campo de Jogos R. 44		M1
Casal Amoreira R. 44		M1
Cavaleiros Av. dos 44		M2-N2
Cavaleiros Bec. dos 44		N2-P2
Cavaleiros Pct. dos 44		M2
Chafariz L. do 44		N1
Circunvalação Est. 68		U1
Comandante Augusto		
Madureira L. 56		T1
Comandante Augusto		
Madureira R. 56		T1

Nome	Planta nº	Quadrícula
Combatentes da Grande		
Guerra Av. dos 68		U1-T1
Combatentes da Grande		
Guerra Pct. dos 56		T1
Conde de Rio Maio R. 56		T1
Confeiteiros Cam. 44		P2
Cravos de Abril R. dos 44		N1-N2
Damião de Góis R. 68		U1-V2
Dom João de Castro R. 56		T1
Doutor Alfredo da Costa R. 56		R1
Doutor António Granjo R. 68		U1
Doutor António Loureiro		
Borges R. 56		R1
Doutor Manuel de Arriaga R. . . . 68		U1-T1
Eduardo Augusto Pedroso R. . . . 68		U1
Elias Garcia R. 56		T1
Ernesto da Silva R. 68		U1
Fábricas Pct. 44		N1
Farela Cam. 44		P2
Fernão Lopes Alam. 56		R1-R2
Francisco Duarte Pedroso R. . . . 56		T1
General Ferreira Martins R. 56		T2

Nome	Planta n°	Quadrícula
General Firmino Miguel R.	44	**M1**
General Humberto Delgado R.	68	**U1**
General Norton de Matos Av.	56	**T1-R2**
Hermano Patrone Alam.	68	**U1-V1**
Infante Dom Pedro Pr.	56	**T2**
Jaime Cortesão Av.	56	**S1**
José Basílio Gama R.	44	**M1**
José Duarte Pedroso R.	56	**T1**
José Duro R.	56	**T1**
José Gomes Ferreira Av.	56	**R1**
Latino Coelho R.	68	**U1**
Liberdade R. da	44	**N1-N2**
Luís de Camões R.	68	**U1-T1**
Luís de Stau Monteiro R.	44	**N2-P2**
Luís Manuel de Noronha R.	56	**S1**
Major Afonso Palla R.	68	**V1**
Manuel Anastácio Alves R.	44	**M1**
Marcos Portugal R.	56	**T1**
Margarida Palla R.	56	**T2**
Marginal Av.	68	**V1**
Maria Leonor L.	56	**S1**
Meio R. do	44	**N1**
Monte Flor R.	44	**M1**
Nossa Senhora da Conceição R.	44	**P1**
Olivença R. de	68	**U1**
Outurela Est.	44	**N1-N2**
Parque Anjos R.	68	**U1**
Pedro Homem de Melo R.	44	**P2**
Piscina R. da	56	**S1-S2**
Plácido de Abreu R.	56	**S1**
Portela Est. da	44	**N2-P3**
Professor Ricardo Jorge R.	56	**R1-S2**
Proletariado R. do	45	**N3-P3**
Quinta das Forguilhas Cam.	44	**P2**
Quinta do Minote Pct.	45	**N3**
Quinta do Paizinho R.	45	**N3**
Quinta do Pinheiro R.	45	**N3-M3**
Quinta do Salrego R.	44	**M2-N3**
Quintinhas R.	44	**P1-N1**
República Av. da	68	**U1-T1**
Rio Cal. do	56	**T1**
Rodrigo Bessone Basto R.	56	**R1**
Romeiras Est. das	56	**T1**
São Marçal Est.	44	**N2**
Sofia Carvalho R.	56	**T1**
Sport Algés e Dafundo R.	68	**U1**
Túlipas Av. das	56	**S1-R1**
Velha Portela Est.	44	**P2-N2**
Victor Duarte Pedroso R.	56	**S1-T1**
7 de Junho de 1759 L.	44	**N2**

Informações práticas
Renseignements pratiques
Useful information
Informaciones prácticas
Praktische Hinweise
Consigli pratici

Serviços de urgência

Urgences – *Emergency services* – **Urgencias**
Notruf – **Emergenze**

S.O.S. Número Nacional de Socorro...112
Cruz Vermehla (Ambulâncias)..............................21 942 11 11
Bombeiros (Chamada de Socorro)..........................21 342 22 22

Hospitais
São José...21 884 10 00
Maternidade Alfredo da Costa...............................21 318 40 00
Estefânia (Hospital Pediátrico) 21 312 66 00

Polícia
P.S.P. – Polícia de Segurança Pública.....................21 346 61 41
G.N.R Brigada de trânsito 21 392 23 00

Câmara Municipal de Lisboa

Mairie de Lisbonne – *Lisbon City Hall*
Ayuntamiento de Lisboa
Rathaus Lissabon – **Municipio di Lisbona**

Informações e Reclamações...............................21 322 70 00

Transportes

Transports – *Transport* – **Transportes**
Transporte – **Trasporti**

Aeroporto:
Partidas e Chegadas de Aviões 21 841 37 00
TAP – Transportes Aéreos Portugueses 808 20 57 00
CP – Caminhos de Ferro Portugueses 21 888 40 25
Carris – Companhia de Carris de Ferro de Lisboa 21 363 20 44
Metropolitano de Lisboa, S.A. 21 355 84 57
Táxis 21 811 90 00
AVIS Rent-a-car..21 754 78 00
HERTZ Rent-a-car 800 23 82 38
UNILIS Rent-a-car 21 816 00 00

Correios e Telecommunicações

Postes et télécommunications
Post offices and telecommunications
Correos y telégrafos – *Post und Telekommunikation*
Poste e telegrafi

Correios 21 843 50 51
Chamadas Internacionais a Pagar no Destino............................172
Telegramas Telefonados:
Portugal e Espanha 1583
Outros Países...1582

Diversos

Divers – *Others* – Varios
Verschiedenes – **Vari**

Serviços de Informações Nacionais...118
Investimentos Comercio e Turismo 21 342 52 31
Linha de Apoio ao Turista...800 29 62 96
Informação ao Consumidor 21 356 46 00
Centro de Informação Jacques Delors, A.E.I.E.
Informação sobre a União Europeia..........................800 22 20 01
A.C.P. – Automóvel Club de Portugal
Ajuda em Estrada 21 942 91 03
I.E.P. – Instituto das Estradas de Portugal
Informação do Estado das Estradas..........................21 294 71 00
Informações Meteorológicas 150
Protecção à floresta 117

Consulados e Embaixadas

Consulats et ambassades
Consulates and embassies
Consulados y embajadas
Konsulate und Botschaften
Consolati e ambasciate

Alemania...21 881 02 10
Angola 21 796 70 41
Argentina 21 796 05 17
Austria 21 395 82 20
Bélgica 21 317 05 10
Brasil...21 726 77 77
Cabo Verde 21 301 52 71
Canada...21 316 46 00
Chile..21 314 80 54
Colômbia 21 355 70 96
Costa Rica...21 928 27 18

Cuba...21 301 53 17
Dinamarca 21 351 29 60
Espanha..21 347 23 81
Estados Unidos da America.................................21 727 33 00
Finlandia 21 390 75 51
França..21 886 24 57
Grécia 21 303 20 42
Guatemala 21 356 09 09
Holanda 21 396 11 63
Irlanda..21 392 94 40
Italia 21 354 61 44
Japão 21 311 05 60
Luxemburgo...21 396 37 04
Marrocos 21 302 08 42
México...21 383 96 80
Moçambique 21 797 19 94
Noruega...21 301 53 44
Panamá..21 364 45 76
Paraguay..21 966 27 19
Perú...21 386 15 52
Reino Unido 21 322 36 47
Rússia 21 846 05 12
Suécia..21 395 52 24
Suiça 21 319 18 90
Uruguay 21 388 92 65
Venezuela 21 357 38 03

MANUFACTURE FRANÇAISE DES PNEUMATIQUES MICHELIN

Société en commandite par actions au capital de 304 000 000 EUR

Place des Carmes-Déchaux – 63 Clermont-Ferrand (France)

R.C.S. Clermont-Fd B 855 200 507

© Michelin et Cie, Propriétaires-Éditeurs 2002

Dépôt légal Juin 2002 – 3e édition - ISBN 2-06-203900-6

Printed in France 05-02/3.1

Photocomposition: CARTOGRAPHIA, Budapest, NORD COMPO, Villeneuve d'Ascq

Impression: AUBIN Imprimeur, Ligugé

Brochage: SIRC, Marigny-le-Châtel

CARTE STRADALI E TURISTICHE PUBBLICAZIONE PERIODICA

Reg. Trib. Di Milano N° 80 del 24/02/1997 Dir. Resp. PAOLO RICCARDI